산상수훈
인문학

홍익학당 인문학 총서 4

산상수훈 인문학

윤홍식 저

봉황동래

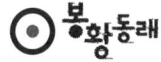

| 목 차 |

들어가며 • 9

황금률, 참된 인간의 길 • 11

1 | 산 위에서 가르침을 펴다 • 16

2 | 8가지 축복 • 18

3 | 세상의 소금과 빛이 되어라 • 35

4 | 하느님의 마음으로 율법을 완성하라 • 43

5 | 율법보다 양심을 지켜라 • 72

6 | 속마음으로도 죄를 짓지 마라 • 80

7 | 타당한 이유 없이 아내를 버리지 마라 • 87

8 | 자명한 말만 하라 • 90

9 | 악을 악으로 갚지 마라 • 97

10 | 원수를 사랑하라 • 113

11 | 참다운 자선 • 121

12 | 참다운 기도 • 130

13 | 참다운 금식 • 144

14 | 보물을 하늘에 쌓아라 • 147

15 | 늘 깨어 있어라 • 149

16 | 두 주인을 섬길 수 없다 • 151

17 | 먼저 그분의 왕국과 정의로움을 구하라 • 157

18 | 남을 심판하지 마라 • 165

19 | 거룩한 것을 욕되게 하지 마라 • 171

20 | 구하면 얻을 것이다 • 173

21 | 율법과 예언서의 골자인 황금률 · 179

22 | 좁은 문으로 들어가라 · 187

23 | 열매를 보면 나무를 안다 · 189

24 | 아버지의 뜻을 실천하라 · 193

25 | 내 말을 실천하라 · 204

26 | 예수님의 권위 · 209

산상수훈의 가르침 · 212

산상수훈의 가르침 풀이 · 214

이 땅에 바치는 기도 · 218

주기도문 · 220

영으로 드리는 기도 · 222

무지의 기도 · 231

무지의 기도의 핵심 · 233

예수님께 배우는 양심의 6가지 덕목 · 236

하느님께 배우는 양심의 6가지 덕목 · 239

양심잠 · 242

양심노트 · 243

들어가며

 많은 분들의 성원으로 2012년 크리스마스를 맞아 이루어졌던 「산상수훈」의 강의를 책으로 펴내게 되어 벅찬 마음입니다. 이 강의는 이후 유튜브에 공개되어 많은 분들의 사랑을 받았습니다. 예수님께서 전해 주신 복음의 소식이 온전히 전 인류에게 전달되었으면 하는 마음입니다. 인류의 양심을 밝히기 위해 오셨던 예수님의 거룩한 뜻이, 이 땅에서 온전한 결실을 이루기를 염원하며 이 책을 펴냅니다.

 힘든 와중에도 녹취를 도와 준 장영미님과 본서를 꼼꼼하게 편집하고 검토해 준 영주, 원고를 교정해 준 선아와 선우에게도 감사의 말을 전합니다. 이 책이 출간되도록 큰 애를 써준 나의 오랜 벗 종원이와 병문이에게 감사를 전합니다.

2016년 12월 홍익학당 대표 윤홍식

황금률, 참된 인간의 길

예수님의 가르침의 핵심이 집약된 것으로 꼽히는 「산상수훈」은 '성서 안의 성서'라고도 불리는 글입니다. 따라서 「산상수훈」만 잘 이해하면 예수님의 핵심 사상을 알 수 있고, 『성경』의 다른 구절도 더 잘 이해할 수 있게 됩니다.

여기에서는 여러분의 이해를 도와드리기 위해 「산상수훈」을 근간에 두고 그와 관련된 『성경』 구절뿐만 아니라 유교와 불교, 노자老子의 글 중에서도 도움이 될 만한 내용을 최대한 다루었습니다. 그래서 「산상수훈」 하나를 공부하는 것이지만, 예수님의 뜻과 더불어 여러 성인들의 뜻까지 함께 공부할 수 있도록 했습니다.

예수님께서 산 위에 올라 말씀하신 『마태복음』의 「산상수훈」은, 평지에서 말씀하신 『누가복음』의 「평지설교」와 매우 유사하기 때문에 함께 보면 더 좋습니다. 그런데 사실 메시지가 거의 동일하고 모두를 다루기에는 양이 많기 때문에, 여기에서는 『마태복음』 5장부터 7장까지를 위주로 다루겠습니다.

「산상수훈」에는 우리가 익히 들어 알고 있는 '황금률'이 나옵니다. 인간관계에 있어 가장 중요한 원칙이라 할 수 있는 '황금률'은 "남이 해 주기를 원하는 대로 그대들도 남에게 해 주어라!"(마태복음 7:12) 하는 말씀인데요, 이것만 잘 이해하고 따른다면 우리 사회의 모든 문제, 나아가 인류의 모든 문제를 해결할 수 있을 것입니다.

인류는 왜 서로 싸우며 살고 있는 것일까요? 우리 각자가 '양심'을 저버리고 '욕심'에 휘둘리면서 살고 있기 때문이죠. 우리의 양심은 "나와 남이 동등하게 중요하다!"라고 말하는데, 욕심은 "내가 우주에서 제일 귀하다!"라고 말하기 때문에, 우리는 남에게 대접받고 싶은 대로 남을 대접해 주는 것이 아니라, 내 욕심으로 남에게 피해를 줍니다. 남으로부터 피해를 당하기 싫다면 우리도 남에게 피해를 주지 않아야 하는데, 우선 나부터 살자고 남에게 피해를 주는 것이죠. 이런 잘못된 습관만 버린다면 우리가 더 이상 서로 다투지 않게 되고, 마침내 평화로운 세상이 올 것입니다.

 '황금률'은 예수님이 처음부터 '황금률'이라고 부르신 것이 아니라, 후대 사람들이 그렇게 이름을 붙인 것입니다. 로마 황제가 황금에 새겨 금과옥조로 삼아서이기도 하고, 황금처럼 불변하는 이 원칙만 지키면 인간관계의 모든 문제가 해결될 수 있기 때문에 그런 별명이 붙은 것이죠. 예수님은 바로 이런 '황금률'을 전하기 위해 이 땅에 오신 것이라 할 수 있습니다.

 예수님의 많은 말씀 가운데에서도 바로 그 부분, '황금률'이 인간관계에 있어 최고의 원칙을 드러내고 있습니다. "대접받고 싶은 대로 대접해 주어라!" 이런 원칙이 지켜진다면 우리가 서로 싸울 수 있을까요? 지금 우리 사회에는 세대 간의 갈등, 지역 간의 갈등, 성별 간의 갈등, 계층 간의 갈등, 이념 간의 갈등 등 다양한 갈등이 존재하는데, 우리가 만약 서로의 입장을 '역지사지易地思之'했다면 이런 갈등이 존재할 수 있었을까요? 이런 분쟁은 처음부터 성립이 될 수 없었을 것입니다. 따라서 우리가 진정한 예수님의 제자라면 그런 분쟁을 부추길 것이 아니라, 역지사지를 통해 화해와 통합을 이루어 내야 할 것입니다.

 예수님은 살아 계실 당시에 "인간답게 사는 것이 무엇인가?"를 알리고자 애쓰다가 사회로부터 억압을 받으셨습니다. 하지만 지금은 세상이 살기 좋아져서 그런 일을 했다고 해서 십자가에 못 박히는 일은 없죠. 이제 우리가 예수님의 뜻을 따르고자 한다면, 내가 남으로부터 대접받고 싶은 그것을 남에게 먼저 해 주기만 하면 됩니다! 이러한 '양심운동'만이 우리나라는 물론 전 인류를 살릴 수 있습니다.

내가 먼저 양심을 실천하지 않는데 누가 하겠습니까? 세상에 불법이 판치고 있다고 욕하면서 자기도 법을 지키지 않으면 그들과 똑같은 사람이 될 뿐입니다. 내가 정말로 양심적이면 불이 번져가듯이, 내 주변도 양심적으로 바꿀 수 있습니다. 한 명, 한 명이 독립운동을 하듯이 '양심운동'을 한다면, 우리나라가 바뀌고, 세상이 바뀌고, 결국 우리가 원하는 미래가 펼쳐질 것입니다.

예수님은 늘 "나는 아버지의 뜻을 이루고 싶어서 왔다!"라고 하셨습니다. 그 '아버지의 뜻'이란 무엇일까요? 바로 '양심'입니다. "남을 사랑하라!" "네 이웃을 네 몸처럼 사랑하라!" "그 사람의 입장에서 생각해 봐라!" 모두 아버지의 뜻인 양심을 말하고 있는 것입니다.

갈등의 골이 깊을 때 누가 이기고 지고가 아니라, 상대방의 입장을 한번 진지하게 생각해 보십시오. 그 상대방이 나의 가족이라고 상상하면서 "우리 아버지가 저런 생각을 하신다면 ….", "내 자식이 저런 말을 한다면 …." 하고 다시 돌아보십시오. 최대한 "내가 저 사람이라면 …." 하고 이해를 해 간다면, 자연스럽게 좋은 답이 나오고 선善의 결과를 얻을 수밖에 없습니다.

그런데 그렇게 이해하려는 시도조차 하지 않는다면 '욕심'과 '무지'에서 나온 답밖에 얻을 수 없기 때문에, 세상은 더욱 어두워질 것입니다. 세상이 어두워지게 만드는 데에 자신도 한 몫을 하고 있으면서, 세상이 바뀌지 않는다고 비판을 해 봐야 아무런 의미가 없습니다. 그리고 이제 우리에겐 그럴 여유가 없습니다.

지금 이 순간 여러분은 양심적이신가요? 자신의 양심 앞에 당당하신가요? 남의 입장을 내 입장처럼 한 번 생각해 보셨나요? 지금 이 순간부터 매순간 그렇게 자신의 양심을 점검하면서 살아간다면 그 사람이 바로 예수님의 제자이고, 종교를 불문하여 모든 성인들의 제자입니다. 지금부터 이것을 예수님의 육성을 통해 살펴보도록 하겠습니다.

1

산 위에서
가르침을 펴다

> 1. 그때 예수님께서 군중을 보시고는 산으로 오르셨다. 자리에 앉으시자 그의 제자들이 그분에게 다가갔다. (5:1)
> 2. 예수님께서 그들에게 다음과 같이 가르치셨다.

『마태복음』 5장부터 펼쳐지는 「산상수훈山上垂訓」은 말 그대로 예수님께서 산 위에서 제자들에게 가르침을 펴신 내용입니다. 「산상수훈」이 기존 율법을 진정으로 완성하는 가르침을 담고 있는바, 모세가 하느님께 율법을 받았던 '산' 위에서 설법을 펴고 계십니다. 예수님은 「산상수훈」을 통해, 무엇보다 우리에게 잘 알려진 '8가지의 축복', 즉 '팔복八福'을 가르쳐 주십니다. 예수님께서 "그대들은 축복받았다!"라고 하신 사람들, 행복을 보장받은 8부류의 사람이 과연 어떤 사람들인지를 알아보겠습니다.

2
―

8가지
축복

> 3. ① '영'이 가난한 자들은 축복받을 것이다.
> '하늘의 왕국'이 그들의 것이다.

  예수님은 하늘나라가 그들의 것이라고 하셨는데요, 누구에게 하늘나라를 허락하셨나요? '영'이 가난한 사람들이죠. 그렇다면 "영이 가난하다!"라는 것은 무슨 의미일까요? 영이 가난하다는 것은 세상 것들에 대한 욕심과 집착이 적다는 의미입니다. 욕심이 채워지지 않았다는 의미도 되겠지만, 욕심과 집착의 소유가 적은 사람들을 뜻한다고 보는 것이 옳습니다. 반대로 마음이 이 세상의 것들로 가득 채워져 있으면 곧 영이 부유한 것이 됩니다.

영이 가난하다는 것은 '영적인 금식'을 말합니다. 영이 가난한 사람이란 이 세상 것에 대한 욕심이 적은 사람을 뜻하죠. 그러면 "욕심이 적다!"라는 것은 무슨 의미일까요? 욕심이 없는 만큼 그 자리에 양심이 자리를 잡고 있다는 뜻입니다. 욕심이 적어 영이 가난한 사람은 나 하나 살기 위해 세상 것들을 마구 집어먹지 못합니다. "그래도 사람이 그럴 수 있나?" 하면서 물욕보다는 '양심'을 택하는 사람이죠.

여러분은 영이 가난하십니까? 영적으로 지금 이 세상의 것들을 욕심내지 않는 사람은 더 양심적인 사람입니다. 양심을 추구하다보니 세상에서는 물질을 많이 가지지 못해서 힘이 없을 수 있겠지요. 예수님은 그렇게 영적으로 가난한 사람이 축복을 받을 것이고, 아버지의 나라가 그들의 것이라고 하신 것입니다.

왜냐하면 아버지의 나라는 '양심국가'이지 '욕심국가'가 아니기 때문입니다. 욕심이 많은 사람들이 가는 세계는 아버지의 나라가 아니라, 그와 반대편의 세계이지요. 아버지의 나라는 양심을 추구하는 사람들이 가는 세계인 것입니다. 현상세계에서는 물질을 많이 가지지 못했고, 명예를 가지지 못했고, 권력을 가지지 못했더라도, 욕심의 만족보다 양심의 만족을 추구하는 사람, 즉 '영적 금식'을 실천하는 사람이 더 양심적인 사람입니다.

지금 우리 사회에는 더 바른 삶, 올바른 사회를 추구하면서 열심히 사는데도 세상에서 명예가 없고, 힘이 없고, 돈이 없다는 이유로 무시를 당하는 분들이 많습니다. 예수님은 바로 그런 분들에게 '하늘나라는 당신들의 것'이라고 말씀하신 것입니다. 양심을 추구한 사람은 하늘이 반드시 보상을 해 줄 것이라는 뜻이죠.

그러니 여러분은 양심을 저버린 사람이 큰 권력을 가지고 있고, 돈이 많다고 해서 신경을 쓸 필요가 없습니다. 그런 사람들에게 예수님은 "화 있을진저!"라고 하셨습니다. 현상세계에서 자기 욕심을 충분히 만족시키며 살았던 사람에게 남는 것은 갚아야 할 빚, 즉 재앙뿐이니까요. 「산상수훈」을 이런 흐름으로 계속 보시기 바랍니다.

> 4. ② 애통해하는 자들은 축복받을 것이다.
>   그들이 위로를 받을 것이다.

애통해하는 자들은 축복받을 것이라고 했는데, 그 사람들은 왜 슬퍼할까요? 그냥 슬퍼한다고 해서 모두가 축복을 받을 수는 없겠지요. 그들이 애통해하는 이유는, 이 세상이 좀 더 정의롭게 되었으면 좋겠는데 뜻대로 되지 않기 때문입니다. 그러니까 하늘이 그런 사람들을 위로해 줄 것이라는 의미입니다. 즉, 세상이 못 해 주는 것을 아버지께서 반드시 해 주시리라는 것이죠. 왜냐하면 그분들은 '양심' 중에서 잘못된 것에 대해 부끄러워하고 분노하는 '수오지심羞惡之心' 때문에 애통해했기 때문입니다.

우리는 악인이 처벌받지 않는 영화나 드라마를 보았을 때 애통해합니다. 정의가 땅에 떨어지고 악인이 승리하는 이야기를 들으면 자신도 모르게 분노하고 슬퍼하게 됩니다. 남의 일이지만 내 일처럼 아픔을 느끼게 되는 것이죠. 이것은 우리 안의 아버지께서 애통해하시는 것입니다. 바로 '양심의 애통함'입니다. 이런 애통함은 아버지께서 반드시 위로해 주실 것입니다. 그러니 무조건 양심을 추구하십시오.

> 5. ③ 온화한 자들은 축복받을 것이다.
>   그들이 땅을 물려받을 것이다.

온화한 자들은 축복받을 것이라고 했습니다. 남에게 성내지 않고, 남을 위로해 주고, 남에게 잘 대해 주는 사람들은 반드시 하늘나라를 이어받을 것입니다. 그들이 땅을 물려받아 소유할 것이라고 했는데, 그 땅은 현상계의 땅이 아니라 하늘나라의 땅을 말합니다.

다른 사람을 나처럼 사랑하여 그들을 불쌍히 여기고 베푸는 온화한 마음을, 유교에서는 '측은지심惻隱之心'이라고 합니다. 측은지심으로 남을 불쌍하게 여기는 온화한 사람들은 반드시 보상받을 것입니다.

> 6. ④ '정의'에 굶주린 자들은 축복받을 것이다.
>   그들이 충만해질 것이다.

정의에 굶주렸다는 것도 '수오지심羞惡之心'의 추구를 의미합니다. 정의가 불의를 이기기를 원하고 사회를 올바르게 바로잡고 싶어 하는, 정의에 목마른 자들은 반드시 충만해질 것입니다. '성령의 힘' '양심의 힘'이 그들을 응원할 것이기 때문입니다.

만약 내가 정의를 추구하는데 자꾸 영적인 힘이 고갈된다고 느낀다면 그것은 뭔가 잘못된 것입니다. 정의의 수오지심을 순수하게 밀고 나가면 하늘은 힘을 더 실어 주게 되어 있습니다. 그런데 정의감을 추구했다가 자기에게 손해가 조금 왔다고 해서 바로 위축되어 버렸다면, 그것은 욕심 때문에 위축된 것이지 정의감 때문에 위축된 것이 아니죠.

정의감에 정의감을 더하는 사람은 충만해지게 되어 있고, 하늘은 그런 사람을 지원해 줍니다. 만약 이 우주를 만드신 분이 계신다면, 온 우주의 중생들 모두가 잘 살게 되는 것을 원하시겠지요? 그런데 자기만 살겠다고 남을 죽이는 암세포와 같은 자녀들, 하느님의 다른 자녀들을 착취하거나 죽이는 자녀들을 보면 아버지라 할지라도 격분하지 않겠습니까?

그래서 정의감에 충만한 자녀들에게 아버지께서 힘을 실어 주는 것입니다. 예수님은 무슨 힘으로 당시의 강대국 로마에 항거하셨을까요? 그것은 바로 정의가 주는 힘입니다. 여러분도 그렇게 항거하셔야 합니다. 여러분 안의 정의감을 믿고 나아가면 반드시 충만해질 것입니다.

정의감으로 뭔가를 밀고 나가려는데 마음이 찜찜하고 석연치 않다면, 그것은 여러분의 욕심이 발목을 잡고 있기 때문입니다. "이렇게 하면 너만 손해야!" "너 이러다가 출세 못 해!" "너 혼자 이런다고 뭐가 바뀌겠어?" 이런 욕심들의 자극을 넘어서서 성령대로, 양심대로 한번 추진해 보십시오. 예수님이 거짓말을 하신 것이 아니라면, 반드시 마음이 충만해지는 것을 증험해 볼 수 있을 것입니다.

> 7. ⑤ 자비로운 자들은 축복받을 것이다.
>
>   그들에게 자비가 베풀어질 것이다.

　자비로운 자들은 온화한 자들과 같은 의미입니다. 자비로운 이들은 남의 마음을 자신의 마음처럼 사랑하기에, 자신이 상대방이라면 원했을 그것을 남에게 베풀 수밖에 없습니다. 이렇게 성령·양심의 뜻에 따라 '황금률'을 실천하는 사람은, 반드시 사랑의 하느님께서 자비를 베풀어 주실 것입니다. 아버지의 뜻대로 사는 사람이 아버지의 왕국에서 제일 큰 사람이 될 것입니다.

8. ⑥ 마음이 청정한 자들은 축복받을 것이다.
그들이 '하느님'을 볼 수 있을 것이다.

하느님은 어떤 사람에게 모습을 드러내실까요? '성령이 충만한 사람', 즉 '양심이 충만한 사람'에게 드러내십니다. 우리 안의 '성스러운 영'인 '성령'은 곧 우리의 '양심'을 말합니다. 양심에 대해 어떤 고정관념을 갖고 있거나 또는 후천적으로 만들어진 양심만을 떠올리는 사람의 경우, "양심은 성령과는 급이 좀 다르지 않나?" 하고 생각할 수도 있습니다. 하지만 양심은 우리 안에 있는 가장 '선량한 마음'일 뿐입니다.

'성령'이 아니라면 우리는 선량할 수 없습니다. 우리의 선량한 마음은 오로지 성령으로부터 나옵니다. 성령이 아니고는, 아버지가 아니고서는, 선량한 마음이 우리 안에서 일어나지 않아요. 그러니 양심과 성령을 다르다고 생각하지 마십시오. •

예수님은 지금 성령을 따르는 자는 축복받을 것이라는 말씀

• 양심에는 '본체'와 '작용'의 구분이 있습니다. 이 중 양심의 본체는 '성령'에 해당하며, 양심의 작용은 '성령의 은총'에 해당합니다.

을 여러 가지 예를 들어가면서 하고 계십니다. 그런데 결국 모두 '양심'에 대한 이야기 아닌가요? 예수님이 말씀하고 계시는 성령의 모습은 동양의 '인의예지신仁義禮智信'• 즉, '양심'과 그대로 통하고 있습니다. 욕심을 따르지 않고 언제 어디서나 양심(성령)을 따르는 이가 바로 마음이 청정한 사람입니다. 양심이 바로 하느님입니다. 양심을 볼 수 있는 사람은 하느님을 볼 수 있습니다.

• '인의예지신仁義禮智信'은 유교에서 말하는 '양심'의 5가지 덕목인 ① 사랑(仁) ② 정의(義) ③ 예절(禮) ④ 지혜(智) ⑤ 성실(信)을 말합니다. 여기에 선비들이 중시했던 몰입(敬)을 포함하면, 양심의 6가지 덕목이 됩니다.

> 9. ⑦ 평화를 가져오는 자들은 축복받을 것이다.
> 그들이 '하느님의 아들'이라 불릴 것이다.

 평화를 가져오는 자들은 축복받을 것이라고 했는데, 우리의 양심 중에서 남과 조화를 이루는 마음은 '사양지심辭讓之心'입니다. '사양지심'이 충만한 사람들은 어떤 자리에서도 갈등이나 부조화를 일으키지 않고, 상대방의 입장을 잘 수용하고 맞추어 주면서 전체를 조화롭게 만듭니다. 반면 "나 잘났다." 하면서 자기 욕심 때문에 전체의 조화를 깨 버리는 사람들은 평화가 아니라 분쟁을 일으키지요. 그런 사람들은 아버지의 축복이 아니라 저주를 받게 되는 것입니다.

 평화를 가져오는 사람들이야 말로 '하느님의 분신(자녀)'이라 할 수 있습니다. 지금 이 사회의 곳곳에서 분쟁이 일어나 모두가 힘들어 하는데, 그런 곳에 가서 분쟁을 더 키우는 사람이 있다면 하느님의 자녀라고 말할 수 있을까요? 아닙니다. 그러니 갈등이 있는 곳에 가서 자기 이념이나 생각을 고집하면 안 돼요. 그런 자리에 평화를 가져오고, 자비를 일으키고, 사랑이 충만하게 만들 수 있는 사람이 예수님의 제자라 할 수 있을 것입니다. 또한 그들이 진정한 하느님의 자녀이고, 성령이 충만한 사람이라는 것도 알아야 합니다.

여러분이 가진 이념은 성령이 지지해 주는 이념인가요? 인류가 편견과 욕심으로 만들어 낸 온갖 이념들을 과연 성령이 지지할까요? 어떤 이념이라도 양심에 맞지 않는 부분이 있다면 배척될 것이고, 양심에 맞는 한 그 이념은 성령의 지지를 받습니다.

"사회주의는 틀렸다!"라고 말한다면 왜 틀렸다고 하는 것일까요? 그것에 양심에 맞지 않는 부분이 있어서 틀렸다고 하는 것입니다. "자본주의는 문제가 있다!" 왜 문제라고 할까요? 양심에 맞지 않는 부분이 있어서 그렇습니다. 결국 이념보다 양심(성령)이 더 근원이라는 것을 알 수 있습니다.

어떤 이념도 우리가 그것이 옳은지 그른지를 따져 볼 때 확인하는 것이, 바로 '양심'(성령)이라는 것은 재미있는 사실입니다. 모두에게 이익이 되느냐, 이익이 되지 않으냐를 따지는 것도 결국은 '양심' 때문입니다.

그래서 우리는 '성령'을 따를 수밖에 없습니다. 내 욕심 때문에 부정할지언정, 성령을 완전히 거부할 수 있는 사람은 없을 것입니다. 남에게 폐가 되어도 나는 전혀 상관없다는, 그런 심각한 사정이 있는 사람이 아니고서는, 누구나 어느 정도는 양심을 존중하며 살아가고 있습니다. 여러분도 이미 성령을 따르며 살고 계신 것이죠.

> 10. ⑧ '정의'를 위해 박해를 받는 자들은 축복받을 것이다.
> 하늘의 왕국이 그들의 것이다.

'정의'를 위해 박해를 받는 자들이 축복받을 것이라는 것은, 불의를 향해 일어나는 참을 수 없는 '정의감'(수오지심)에 대한 이야기입니다. 정의감에 못 이겨서 사람들에게 박해를 받을지라도, 내가 좀 손해를 볼지라도 움직이는 사람들에 해당하는 말씀입니다.

고난과 역경 속에서도 양심을 따르고자 노력하는 이들은 모두 축복받을 것입니다. '하늘의 왕국'은 '양심의 왕국'이니 당연히 그들의 것이죠. 만약 양심을 어기면서 살아온 사람들이 하늘의 왕국을 차지한다면, 그곳은 이미 하늘의 왕국이 아니겠지요? 내면에서 울리는 '양심의 정의로운 명령'을 위해 모든 것을 포기한 사람들이 양심의 왕국을 차지하게 될 것입니다.

> 11. 나로 인하여 사람들이 그대들을 모욕하고 박해하며, 그대들에게 반대하여 거짓으로 온갖 악한 말들을 할 때, 그대들은 축복받을 것이다.

만약 이 구절을 그냥 "예수님을 위해서 박해를 받으면 축복받을 것이다!" 정도의 의미로 생각한다면 그것은 맹신이고 무지입니다. '양심' 때문에 우리가 예수님을 따르고 지지하는 것이고, 그 '양심' 때문에 박해를 받을 때 축복을 받는 것입니다.

예수님이 어떤 분인지도 모르면서 그냥 "예수님이니까 …." 하고 박해를 받는다면 참으로 어리석은 일이 아닐 수 없습니다. 그러니 지혜로운 양심과 무지한 맹신을 잘 구분해야 합니다. 자신의 자명한 양심이 뜨거워서 움직여야 '성령의 뜻'에 부합할 것입니다. 예수님의 가르침에 따라 양심의 구현을 위해 욕심세력들의 박해와 비난을 감수할 때, 그대는 축복을 받게 될 것입니다.

> 12. 기뻐하고 즐거워하라! 하늘에서 그대들의 상이 크기 때문이다. 그들이 그대들 이전의 선지자들에게도 똑같이 박해하였다.

 하늘이 볼 때에는 '양심'을 지키느라 악의 핍박을 받은 사람들이 얼마나 기특하겠습니까? 그래서 하늘의 상이 크니 기뻐하라고 한 것입니다. 반면 자기 욕심만 아는 소인배들, 즉 악인들은 어느 시대에든 군자를 보면 못살게 굽니다. 그 군자가 자기들의 동냥 그릇을 깨기 때문이죠.

 소인배들이 만들어 가는 판을 깰 사람은 '군자'뿐입니다. 그래서 욕심 많은 소인들끼리 잘 나누어 먹고 공생하고 있는데, 군자가 등장하면 깜짝 놀라서 모두가 단합하여 군자를 죽입니다. 그 사람을 죽여야 자기들의 이익을 지킬 수 있기 때문입니다.

 소인배들은 오로지 이익으로만 움직이기 때문에 군자를 척결할 때에는 단합이 잘 됩니다. 그런데 그 사람이 사라지고 나면 어떻게 될까요? 자기들끼리 이익 다툼을 할 것입니다. 예수님과 같은 분은 이런 욕심꾼들의 판을 깨 버리려는 존재이기 때문에, 욕심꾼들이 십자가든 뭐든 동원해서 빨리 없애려고 한 것이죠. 그렇게 하지 않으면 자기들의 판이 깨지니까요.

 만약 지금 우리 사회에서도 이런 일들이 벌어지고 있다면, 여러분은 소인배의 편이 아니라 군자의 편에 서야 할 것입니다. 여러분이 예수님의 제자라면, 아버지의 자녀라면, 양심을 따르는 이라면, 절대 소인배와 한편이 되어서는 안 된다는 것을 이 구절에서 말하고 있는 것입니다. '하늘의 왕국', 즉 '양심의 왕국'은 양심을 지키는 사람들의 것이라는 의미입니다.

3
—

세상의 소금과
빛이 되어라

13. 그대들은 세상의 '소금'이다. 그러나 만약 소금이 짠맛을 잃어버리면, 어떻게 다시 짜게 할 수 있겠는가? 그것은 더 이상 아무 쓸모가 없으니, 밖에 던져져 사람들에게 짓밟힐 뿐이다.

『성경』에서 소금이나 빛은 우리 내면에 존재하는 '양심', 즉 '성령'을 상징합니다. 짠맛을 잃어버린 소금이라는 것은 가치가 없어진 존재를 말합니다. 그것은 더 이상 아무 쓸모가 없으니 밖에 던져져 사람들에게 짓밟힐 뿐이라고 했는데, 과연 무슨 의미일까요?

이것은 여러분이 양심적이지 않으면 여러분은 이 세상에서 쓸모가 없다는 것을 말합니다. 만약 여러분이 욕심에 져서 성령을 따르지 않고, 양심을 외면해서 남에게 자비롭지 않고 공정하지 않다면, 여러분은 하느님에게도 인류에게도 아무런 쓸모가 없는 존재가 된다는 것이죠. 매정한 말처럼 들리지만 깊이 새겨들어야 할 말씀입니다.

> 14. 그대들은 세상의 '빛'이다.
> 언덕 위에 세운 도시는 숨길 수 없다.

빛은 이 세상을 환하게 밝혀 주지요. 한 사람이 양심적이면 그 주변의 모든 사람들이 그 '양심의 빛'의 영향을 받습니다. 소인배들은 왜 양심적인 사람들을 보고 견디지 못하는 것일까요? 양심적인 사람들이 소인배로 하여금 자기가 죄인이라는 것을 자꾸 자각시키기 때문입니다.

악인들끼리 있을 때에는 "그래, 사람이 다 자기 욕심대로 사는 거지, 선과 악으로 재단할 수 있나?" 했다가 군자 한 명이 오면, "우리는 다 쓰레기였구나!"라는 것을 깨닫게 됩니다. 그러니 이 얼마나 못 견디게 하는 사람입니까? 결국 소인배들의 입장에서는 그 군자를 없애야 일이 끝나는 것이지요.

그런데 예수님께서는 뭐라고 하셨나요? 그런 것을 두려워하지 말라고 하셨죠. 만약 그런 소인들과 타협해서 어울리다가 짠맛을 잃어버리면, 즉 그들과 똑같은 사람이 되어 버린다면 더 이상 쓸모가 없는 존재가 되니까요. 암세포를 정화해야 할 백혈구가 오히려 암세포의 증식에 기여하고 있다면, 그런

세포는 아무런 존재의 의미가 없다는 것입니다.

 높은 언덕 위에 도시를 세우면 사람들의 눈에 잘 보일 것입니다. 모든 사람들이 우러러보고 따르지 않을 수 없겠지요. 따라서 세상을 양심으로 정화하려면, 누구에게나 양심을 드러낼 수 있는 높은 위치에 있으면서 계속해서 양심을 실천해야 합니다. 그런데 남들이 볼까 봐 무서워 골방에 숨어서 양심을 부르짖고 있다면, 그것은 빛이 어둠 속에 갇힌 꼴이지요. 빛은 사방을 비춰야 맛인데 말입니다.

 그렇다고 남들에게 양심적으로 살라면서 지적하고 다니는 것도 양심이 아닙니다. 그것은 여러분도 당하기 싫은 일 아닌가요? 어떤 일을 하기 전에 내가 하는 행위가 옳은지 그른지를 간단하게라도 한번 따져 보십시오. "내가 상대방이라면 이런 대접을 감당할 수 있겠는가?" 이것만 확인하면 여러분은 인간관계에서 성인이 될 수 있습니다. '황금률'은 그게 전부입니다. 함부로 남을 지적할 것이 아니라 여러분이 상대방이라면 납득할 수 있는지, 스스로에게 그것만 물어본 뒤에 말하고 행동하면 됩니다.

 여러분은 인간관계에서 무엇을 바라십니까? 누군가가 와서 나에게 지적부터 하는 것이 아니라, 정말 양심적인 모습을 보여 주어서 나를 감화시켜 주기를 원하지 않습니까? 양심을 보여 주어서 나로 하여금 자연스럽게 설득되도록 도와주기를 원하지 않겠습니까?

아무리 예수님이라 하더라도 자꾸 여러분을 지적하기만 한다면 속으로 울컥하실 거예요. "자기나 잘 하지?" 하는 생각도 들면서 뭔가 분하고 억울하겠죠. 그런데 상대방의 그런 마음을 다 아는 사람이 그런 식으로 행동할 리가 있겠습니까? 상대방의 마음을 안다면, 그렇게 하지 않고 잘 설득할 수 있는 다른 방법을 동원하겠지요. 이렇게 내가 먼저 양심적으로 살아야 주변을 바꿀 수 있습니다. 그러니 그렇게 해 보지도 않고 "저 사람은 욕심이 너무 많아서 안 될 거야!" 하고 쉽게 결론을 내리는 일은 없어야 할 것입니다.

> 15. 사람들은 등불을 켜서 상자 안이 아니라, 등경 위에 놓는다. 그래야 집의 모든 사람들을 비출 수 있다.
> 16. 이와 같이, 그대들의 '빛'이 사람들의 앞을 비추게 되면, 사람들이 그대들의 선한 행실을 보고, 하늘에 계신 그대들의 아버지를 찬양할 것이다.

도대체 어떤 사람이 등불을 켜서 상자 안에 넣어 두겠습니까? 집에서 가장 높은 곳에 두겠지요. 그래야 집 안의 모든 사람들을 두루 비출 수 있을 테니까요. 그러니 여러분의 빛도 감추지 말고 주변에 자꾸 뿌려야 합니다. 여러분 내면의 '성령의 빛', '양심의 빛'을 뿌려서 그 빛이 사람들의 앞을 비춰 주도록 해야 합니다.

먼저 여러분의 내면에서 '양심의 빛'을 밝혀 보세요. 방법은 간단합니다. 언제 어디서나 욕심을 내려놓고 '양심'(성령)에 따라, 자신이 상대방이라면 원하였을 것을 상대방에게 먼저 베푸는 삶을 살면 됩니다! 그러면 여러분의 내면에서 터져 나온 '양심의 빛'이 사람들을 비추게 됩니다.

사람들은 여러분의 선한 행실, 양심에 맞는 행동을 보고

"아! 사람이 저렇게까지 할 수 있구나!" 하고 감동을 받을 것입니다. 그리고 더 나아가 "하늘에 계신 아버지께서 돕지 않고서야 어떻게 그런 선행을 할 수 있겠는가?" 하고 아버지까지 찬양할 것입니다. 또 아버지가 어떤 분인지도 선명히 알게 될 것입니다.

여러분의 행동을 통해, 아버지의 존재를 부정하던 이들조차 "정말 하느님이 계시는구나!" 하고 아버지를 받아들일 것입니다. 만약 여러분이 교회에 다니고 있고 다른 사람들을 전도하고 싶다면, 이렇게 전도하셔야 합니다. '양심의 빛'으로 상대방을 비추어 주세요. 상대방이 여러분의 양심에, 즉 성령에 감화되어서 "정말 하느님이 계시는구나!" 하고 받아들일 때까지 말입니다.

우리나라의 국민들이 한 명, 한 명 이렇게 각성해서 각자 자신부터 양심을 실천한다면, 지구 전체를 밝히고 온 우주도 밝힐 그런 '영적인 빛'이 우리로부터 뿜어져 나올 수 있을 것입니다. 영적인 빛의 힘에는 한계가 없으니까요.

여러분을 그냥 '내 한 몸뚱이'라고 생각하지 마세요. "내가 빛을 내면 얼마나 내겠어?" 하고 지레 포기하지 마세요. 과거에 예수님께서 낸 빛이 2천 년을 넘어 지금까지 타오르고 있고, 다른 성인들께서 낸 빛이 2,500년 넘게 타오르고 있습니다. 그리고 그 빛이 점점 커져 가면서 더 많은 사람들을 비추고 있다는 것을 알아야 합니다.

4

하느님의 마음으로
율법을 완성하라

> 17. 내가 '율법'이나 '예언서'들을 폐하러 왔다고 생각하지 마라! 폐하러 온 것이 아니라 오히려 그것들을 완성하려고 온 것이다.

「산상수훈」에서 예수님은 주로 윤리적인 말씀을 많이 하십니다. 당시 윤리의 핵심은 모세 때부터 정해져 내려온 '율법'이었고, 유대인들은 그것을 충실히 지키고 있었습니다. '바리새인'이라고 하면 우리가 쉽게 무시해 버리지만, 실은 당시에 율법을 정말 엄격하게 잘 지키며 살았던 최고의 양반들이었습니다.

그들이 율법을 지키지 않아서 예수님으로부터 '독사의 자식'이라는 말을 들은 게 아닌 거죠. 율법을 잘 지키는데 뭔가 빠져 있었어요. 겉으로는 율법을 잘 지키는데, '속마음'이 황폐하고 하느님을 알지 못했습니다. 즉, 속마음은 '욕심'을 따르면서 겉으로만 '율법'을 따르고 있었던 것입니다.

동양으로 치면 '부자유친父子有親'(부모와 자식은 서로 사랑해야 한다!)을 해야 한다고 하니까, 겉으로는 친한 척하지만 속마음은 안 좋은 경우죠. 아버지께 효도하고 임금에게 충성하는 것이 진심이 아니라 의례히 거짓으로 하니, 겉으로는 그럴싸한데 속으로는 공허했기 때문에 예수님께서 비난하신 것입니다. 예수님은 「산상수훈」 전체에 걸쳐 그런 '율법주의'(율법만 잘 지키면 천국에 간다는 사상)에 대해 비판하고 계십니다. 예수님이 율법에 대해서 어떤 입장을 취하셨는지 좀 더 자세히 살펴보도록 하겠습니다.

이 구절에서 예수님은 율법이나 예언서의 가르침에 반대하지 않습니다. 오히려 그러한 가르침을 완성하는 것이 본인의 사명이라고 주장합니다. 인간이 따라야 할 올바른 행동지침(실천법칙)인 '율법'을 폐지하는 것이 본인의 사명이 아니며, 율법을 형식적으로만 지키고 있는 '율법주의'를 비판하고, 전 인류가 양심(근본원리)에 근거한 '참된 율법의 실천'을 이룰 수 있

게 인도하는 것이 본인의 사명임을 분명히 밝힌 것입니다.•

  율법은 순수한 마음으로 지킬 때 비로소 완성됩니다. '양심'(성령)에 입각한 순수한 마음으로 남을 도와야 정말로 도움이 되지, 남을 도우라고 정해 놓은 어떤 계율 때문에 억지로 남을 돕고 있다면, 그게 서로에게 진정으로 도움이 될까요? 그리고 어떻게 그것만으로 하늘나라에 갈 수 있겠습니까?

• '양심'(성령)에 갖추어진 '근본원리'(하느님 법의 본체)에 근거하여, 현실에서 인간이 따라야 할 '실천법칙'(하느님 법의 작용)이 바로 '율법'입니다. 그러니 뿌리를 잊고 말단에만 집착해서는 구원을 얻을 수 없습니다. '양심에 입각한 율법의 실천'이 아닌, '욕심에 근거한 율법의 실천'으로는 결코 구원을 얻을 수 없습니다. 「산상수훈」의 골자는 바로 이것입니다.

> 18. 내가 진실로 그대들에게 이르노니, 하늘과 땅이 없어지기 전에는, 모든 것이 이루어질 때까지 율법에서 한 자 한 획도 사라지지 않을 것이다.

 예수님은 '율법' 자체를 악하다 하지 않고 진리로 인정하셨습니다. 예수님이 율법을 극복했다고 말하면서 율법을 무시하는 사람도 있는데, 예수님은 율법을 부정하지 않았어요. 다만 율법을 어떤 마음으로 지켜야 하는지, 그 마음을 가르쳐 주려 하신 것입니다.

 율법은 '하느님의 명령'인데 우리가 '하느님의 마음'을 갖추지 않는다면, 어떻게 우리로 인해 참된 율법의 실천이 이루어질 수 있겠습니까? 하느님의 명령은 곧 '양심의 명령'(실천법칙)이니, 율법은 사실 양심의 명령인 것입니다. 그러니 내면의 양심(근본원리)을 따르지 않고서는 율법을 제대로 실천할 수 없을 것입니다. 이런 간단한 원리를 가르치고 계신 것입니다.

 그래서 사도 바울도 『로마서』에서 '양심'이 그대로 '율법'임을 분명히 한 것입니다.

율법이 없는 이방인들은 자신의 '양심'(본성, 근본원리)에 따라 '율법'(실천법칙)의 일을 행하니, 율법을 가지고 있지 않아도, 이것들이 그들 스스로에게 율법이 됩니다. 그들은 율법의 행위들이 그들의 마음에 새겨져 있다는 것을 보여 줍니다.• 그래서 그들의 '양심'은 증인이 되며, 그들의 생각들은 혹은 비난하기도 하고 혹은 변명하기도 하는 것입니다. (로마서 2:14~15)

하느님으로부터 율법을 받은 역사가 없는 민족이라도, '양심'(사랑·정의·겸손·지혜·성실·몰입의 근본원리)이 있다는 것은 이미 '율법'(사랑·정의·겸손·지혜·성실·몰입의 실천법칙)을 받은 것입니다. 양심의 명령이 바로 율법입니다. 그리고 율법을 충

• '양심'(성령)에는 하느님 법의 본체인 '근본원리'(사랑·정의·겸손·지혜·성실·몰입의 근본원리)가 갖추어져 있으니, 근본원리에 따르는 실천법칙인 '율법'(사랑·정의·겸손·지혜·성실·몰입의 실천법칙) 또한 갖추어져 있습니다. 그러니 하느님으로부터 율법을 받는 상징적 사건이 없더라도, 모든 인류는 태어나면서 이미 하느님으로부터 율법을 받은 것입니다. 율법(실천법칙)이 새겨진 양심(근본원리)을 갖추었으니 말입니다.

"하느님께서 명령하신 것을 '본성'(性, 양심의 근본원리)이라 이르고, 본성을 따르는 것을 '인간의 길'(道, 양심의 실천법칙, 율법)이라고 이르며, 인간의 길을 곧게 수리하는 것을 '가르침'(敎)이라 이른다." (天命之謂性 率性之謂道 修道之謂敎, 중용中庸)

"그대들은 광야에 주님의 길을 닦아라! 우리 하느님을 위하여 사막에 길을 곧게 내어라!" (이사야 40:3)

"당신께서 주시는 '지혜'를 받지 않고, 당신께서 하늘에서부터 보내시는 '성령'을 받지 않고, 누가 당신의 뜻을 알 수 있겠습니까? 이렇게 해서 '지혜'는 이 세상에 사는 '사람의 길'을 곧게 만들어 주었고, 사람들에게 당신을 기쁘게 해 드리는 일을 가르쳐 주었으며, 사람들을 구원해 주었습니다." (지혜서 9:17~18)

실히 지켰는지는 양심이 심판합니다. 양심을 속일 수는 없죠. 그래서 예수님은 바리새인들이 양심을 어기면서 율법을 지키는 모습에 격분하신 것입니다. 그런 식으로 율법을 지켜서는 하늘나라에 갈 사람이 아무도 없을 테니까요.

그래서 예수님은 바리새인들과 율법학자들에게 다음과 같이 말씀하신 것입니다.

"재앙이 있을 것이다! 그대 율법학자들아! 그대들은 '깨달음의 열쇠'를 취하여 감추고서, 그대들도 들어가지 않고, 남들도 들어가지 못하게 막는구나!" (누가복음 11:52)

여기서 '깨달음의 열쇠'란 바로 '율법'이니 '양심의 명령'입니다. 율법의 양심적 실천을 통해 우리는 아버지의 왕국에 도달할 수 있으니, 깨달음의 열쇠인 것입니다. 그런데 바리새인들과 율법학자들이 이 명령을 알면서도 그릇된 방법으로 지키고 있으니, 스스로도 아버지의 왕국에 들어갈 수 없을 뿐만 아니라, 이들을 따르는 이들이 모두 아버지의 왕국에 들어갈 수 없게 된 것입니다. 이 상황을 타파하기 위해 예수님께서 오신 것입니다.

> 19. 이 계명들 가운데에서 가장 작은 것 하나라도 어기거나, 또한 사람들에게 그렇게 가르치는 자는 '하늘의 왕국'에서 가장 작은 자라고 불릴 것이다. 그러나 스스로 계명들을 지키고, 또한 남에게 이 계명들을 가르치는 자는 하늘의 왕국에서 큰 사람이라고 불릴 것이다.

이것은 '율법' 중에서 사소한 것 하나라도 어기거나 그것을 남들에게 그렇게 하라고 가르치면 소인배가 될 뿐이니, 율법을 절대로 어기지 말라는 의미입니다. 반대로 계명을 스스로 지키면서 다른 사람들에게도 가르쳐 주는 사람은 하늘나라 왕국에서 아주 큰 사람, 즉 대인일 것입니다. 그러니 율법을 존중하라는 의미입니다.

예수님은 율법 자체를 반대하지 않았습니다. 율법을 반드시 지키되, '인간적인 욕심'으로 지키지 말고 '성령적인 양심'으로 지켜야 한다고 가르치셨을 뿐입니다! 「산상수훈」의 모든 가르침이 그렇습니다. 모세가 전한 하느님의 명령인 '율법'을, 천국에 가고자 하는 욕심 때문에 위선적으로 지키지 말고, 다른 사람을 자신처럼 사랑하는 '하느님의 마음'(양심)으로 지키고 실천하자는 것이 「산상수훈」의 핵심 가르침입니다.

> 20. 내가 그대들에게 이르노니, 그대들의 정의로움이 율법학자들과 바리새인들의 정의로움을 능가하지 않으면, 결코 하늘의 왕국에 들어가지 못할 것이다.

 예수님은 우리의 행동거지가 어느 율법학자보다 더 율법을 더 잘 지켜야 한다고 하셨습니다. 그런데 예수님과 율법학자의 차이는 어디에서 만들어지는 것일까요? 그것은 바로 '마음'입니다. '하느님의 마음'(양심)으로 율법을 지켰는지가 무엇보다 중요한 것이죠.

 불우이웃 돕기를 위해 라면 박스, 과자 박스를 사들고 와서 베푸는 사람들이 있는데, 그 마음속에 '양심'이 빠져 있다면 하늘의 왕국에 들어가지 못할 것이라는 이야기입니다. 명예욕이나 체면 등 자신의 욕심을 충족시키는 수단으로 자선을 하는 사람들의 행동이, 어떻게 하느님의 마음에 흡족할 수 있겠습니까? 사람은 속이더라도 하느님, 즉 양심은 속일 수 없습니다.

 그런데 고아들이 정말 내 자식 같고, 쪽방의 어르신들이 내 부모님 같아서, 큰 선물은 못 하더라도 작은 것이라도 베풀려는 사람이 있다면 그 사람이 정말로 하늘나라에 갈 사람이겠지요. 예수님은 이런 '율법의 핵심'을 말씀하고 계신 것입니다.

「산상수훈」 전체가 이런 원리에 입각하여 전개되고 있는데, 이것을 이해하지 못하면 「산상수훈」을 오독하게 됩니다. 그래서 '율법'을 부정하고, 그냥 '사랑' 하나면 끝난다고 이해할 수도 있습니다. 하지만 '양심'은 그렇게 단순하지가 않아요. 우리가 양심적으로 살다 보면, 박해를 무릅쓰고라도 반드시 해야 할 일이 생기기도 하고, 남을 사랑하느라 내 목숨까지 내놓아야 할 상황도 만나는 것이니까요.

양심의 뜻대로 성령의 뜻대로 산다는 것은, 내 에고가 "양심은 이런 것일 거야." "율법에 정해진 대로만 하면 될 거야!" 하면서 지레짐작으로 단순하게 생각할 문제가 아닙니다. 율법 너머의 하느님과 바로 하나가 되어서, '하느님의 마음' 그대로 이 세상을 보고 느낄 수 있는 더 큰 안목이 필요한 것이죠. 『누가복음』에는 다음과 같은 말씀이 전합니다.

> 재앙이 있을 것이다, 너희 바리새인들이여! 너희가 박하와 운향蕓香과 모든 채소는 십일조를 내면서, '정의로움'과 '하느님의 사랑'은 무시하였기 때문이다. 십일조도 실천해야 하나, 이런 것들

도 당연히 실천해야 한다. (누가복음 11:42)

바리새인들이 얼마나 형식적으로 율법을 지키고 있었으면 예수님께서 이렇게 화를 내셨을까요? 예수님은 원수를 사랑하라고 말씀하시는 분이지만 이럴 때는 단호하시죠. 분노할 때는 '하느님의 분노'를 드러내십니다. 기독교 교인이라면 특히 이런 부분을 잘 이해해야 합니다.

"악에 대항하지 말라!"라는 내용이 「산상수훈」에 나오는데, 그것을 예로 들면서 악에 대항하지 않고 무조건 용서하려는 기독교인들이 많습니다. 그렇다면 예수님이 지금 바리새인들에게 하고 계신 것은 무엇인가요? 예수님은 "이 독사의 자식들아! 너희가 지옥의 형벌을 피할 수 있겠는가?"(마태복음 23:33) 하고 바리새인들을 비방하셨습니다.

하느님은 우리가 죄를 지으면 분노하실까요? 아니면 "오냐, 오냐." 하고 넘어가실까요? 하느님은 분노하실 것입니다. 『성경』에 숱하게 나오는 것이 바로 하느님의 진노입니다. 「산상수훈」에도 이런 내용이 계속 나오는데, 이것은 어떻게 이해해야 할까요?

'하느님의 진노'는 하느님이 불의를 바로잡으라고 우리에게 명령하시는 것이며, 잘못된 것을 보았을 때 우리 안에서 끓어오르는 것입니다. 이것은 '성령의 분노'이며, 공정하고 정당한 분노입니다. 그러니 욕심으로 인한 분노는 잠재워야 하겠지만, 성령으로 인한 분노를 참아서는 안 될 것입니다.

예수님은 계속 분노를 드러내면서 살아가십니다. 『성경』에는 "나는 세상에 평화를 주러 온 것이 아니라 칼을 주러 왔다!"(마태복음 10:34) 하는 식으로 말씀하시는 장면들이 많습니다. 이것은 예수님이 '하느님의 분노'를 드러내신 것이죠. 성령에서 오는, 양심에서 오는 이런 공분은 정당한 것입니다. 악에 분노하지 않는 이는 선을 진정으로 갈구하는 이가 아닙니다. 이런 정당한 공분이 없다면 사랑과 정의가 구현되는 사회는 영원히 현실화되지 못할 것입니다.

이미 언급했지만, 예수님께서는 율법을 폐하려고 오신 것이 아니라 율법 안에 양심을 담으라는 메시지를 전하러 오신 것이기 때문에, 율법을 반드시 지켜야 한다고 하셨습니다. 율법은 모두 ① 하느님을 사랑하고 ② 남에게 피해를 끼치지 말라는 내용입니다.

"거짓말 하지 마라!" "도둑질 하지 마라!" 이런 율법은 양심적인 사람이라면 절대 어길 리가 없는 것들이죠. 그러니까 양심을 지키면 당연히 율법도 지키게 되는데, 반대로 율법을 지킨다고 해서 반드시 그 사람이 양심적인 것은 아닙니다. 그래서 예수님은 그 율법의 바탕에 '사랑'을 두라고 말씀하신 것입니다.

그리고 악에 대항하지 말라고 하신 것은 악인처럼 악을 저지르지 말라는 것이지, 악을 모두 용서하라는 의미가 아닙니다. 악에 대해 정당한 저항을 하지 말라는 의미는 더욱 아닙니다. 따라서 바탕에 '사랑'을 깔되, 성령에서 오는 '분노'는 적절히 표현해야 합니다. 예수님의 말씀에서 이런 부분들이 생략되어 있다 보니 오해의 소지가 많은데, 잘 이해해야 합니다.

바리새인들이 박하와 운향과 같은 채소 물품들에 대해서도 십일조를 잘 내고 교회의 율법을 잘 지키는데, 왜 예수님으로부터 호된 비난을 받았을까요? 그들에게는 '정의로움'과 '하느님의 사랑'이 빠져 있었기 때문입니다. 이것은 양심의 가장 중요한 덕목인 '사랑'(仁)과 '정의'(義)가 없었다는 것이니, 한 마디로 양심적이지 않았다는 의미입니다.

① 자신이 받기를 원하는 것을 남에게 베푸는 '사랑'과, ② 자신이 당하기 싫은 것을 남에게 가하지 않는 '정의'는 양심의 핵심적인 요소입니다. 성령의 뜻이 "사랑하라! 정의로워라!"

인데, 이런 기본을 무시하면서 율법을 지키니까 십일조를 열심히 내고서도 예수님으로부터 비난을 받은 것입니다. 율법도 양심으로 지켜야 하는 것이죠. 정당한 십일조는 실천해야 하겠지만, 반드시 그 행동이 사랑과 정의에 기반을 두어야 할 것입니다.

『마태복음』에는 다음과 같은 가르침이 전합니다.

> 그때 어떤 사람이 예수님께 다가와서 물었다. "선생님, 제가 '영원한 생명'을 얻으려면 어떤 선善한 일을 해야 합니까?" 예수님께서 말씀하셨다. "어찌하여 나에게 '선한 일'을 묻느냐? 선하신 분은 오직 '한 분'(아버지 하느님)뿐이시다.
>
> 그대가 영원한 생명을 얻고 싶다면, '계명들'을 지켜야 한다." 그 사람이 "어떤 것들입니까?"라고 묻자 예수님께서 말씀하셨다. "살인하지 마라. 간음하지 마라. 도둑질하지 마라. 거짓 증언을 하지 마라. 부모님을 공경하라. 그리고 그대의 이웃을 그대 자신처럼 사랑하라는 것이다."
>
> 그 젊은이가 다시 묻기를 "저는 그 모든 것들을 지켜 왔습니다. 저에게 무엇이 부족합니까?"라고 하였다. 예수님께서 그에게 말씀하셨다. "그대가 완전해지고 싶다면, 가서 그대의 재산을 팔아

서 가난한 이들에게 주어라. 그러면 그대는 하늘에서 보물을 갖게 될 것이다. 그리고 와서 나를 따르라." 젊은이가 이 말씀을 듣더니 슬퍼하며 떠났다. 그는 많은 재물을 가지고 있었기 때문이다.

예수님께서 제자들에게 말씀하셨다. "내가 진실로 그대들에게 말한다. 부자가 '하늘의 왕국'에 들어가는 것은 어려울 것이다. 내가 다시 그대들에게 이르노니, 낙타가 바늘구멍을 통과하는 것이 부자가 하느님의 왕국에 들어가는 것보다 더 쉬울 것이다." 제자들이 이 말씀을 듣고 몹시 놀라서 물었다. "누가 구원받을 수 있습니까?" 예수님께서 그들을 바라보면서 말씀하셨다. "사람에게는 그것이 불가능하나, '하느님'께는 모든 것이 가능하다."
(마태복음 19:16~26)

이것은 부자가 천국에 가는 것은 낙타가 바늘귀를 통과하는 것보다 더 어려운 일이라는 아주 유명한 일화인데요, 이 구절을 그냥 말 그대로 해석하면 "부자들은 글렀어!" 하고 생각할 수 있습니다. 하지만 왜 부자라고 해서 양심적인 사람이 없겠습니까? 어떻게 단지 부자라는 이유로 하느님의 왕국에 가지 못하겠습니까? 그러니 전체 맥락을 보면서 왜 그런 말이 나왔는지를 살펴봐야 하겠습니다.

영생을 얻으려면 어떤 선한 일을 해야 하는지를 묻는 젊은

이에게 예수님은, 선하신 분은 오직 한 분이신 '하느님'뿐이라고 하셨습니다. 예수님은 본인이 선하다는 말도 듣지 않으려고 했는데, 왜 그럴까요?

우리의 내면에는 '성령'이 존재합니다. 즉, 성령은 우리가 '에고'라고 부르는 육체적 자아 안에 머무는데, 항상 에고를 통해서 밖으로 드러납니다. 그래서 "내가 성령을 받았어! 하느님이 나에게 뭐라고 하셨어!" 하고 기뻐하는 순간, 이미 왜곡이 시작된 것입니다. 성령의 순수한 메시지가 수많은 무지와 아집을 가진 에고를 통과하면서 왜곡되는 것이죠.

이렇게 우리 안에 있는 '성령의 마음'을 맹자孟子는 '양심'이라고 불렀고, 다른 이름으로 '인의지심仁義之心'이라고 했습니다. 즉, '성령'은 인간이 가진 '사랑과 정의의 마음'인 것입니다. 하지만 우리의 개체적 자아(에고)는 있는 그대로 보면 사랑과 정의의 마음과는 거리가 멀죠.

우리의 에고는 철저히 이기적이고, 늘 불안하고, 죽을 것을 걱정하며 두려워합니다. 그 자리에는 평화가 없고, 항상 무언가가 부족하다는 결핍감에 시달립니다. 아무리 '욕심'을 성취시켜도 돌아서면 또 배고픈 마음이 되죠. 그렇다면 그와 반대되는 마음은 어떨까요? 늘 만족하고 있고, 화평하고, 조금도 두려움이 없고, 불안함도 없겠죠. 우리 마음에서 그런 자리는 오직 한 자리뿐입니다. 바로 우리의 순수한 마음인 '성령'의 자리인 것이죠.

에고는 결국 '나'라는 것이 있어서 불안해지는 것이지요. '나'를 떼면 불안할 이유가 있을까요? 이름이 아무개 누구인 '나!' 그러한 나 자신의 이해관계를 떼고 나면 누구나 마음이 공정해지고 화평해집니다. 그래서 저는 늘 "모른다!"를 하시라고 권합니다. "이름 모르시죠?" 내가 내 이름을 내려놓는 것이 아버지에게 다가가는 최고의 방법입니다.

내가 아무개 누구라고 계속 주장하고 있으면 아버지와 거리가 생깁니다. 우리가 결핍감으로 불안하고 두려운 자아를 계속 붙잡고 있는 한에는 아버지를 만날 수 없는 것이죠. 그러니 '나'를 내려놓으세요. 자신의 이름을 모르는 채로 잠깐 존재해 보십시오. 그러면 여러분 내면의 더 깊은 자아인 '성령', 즉 '양심'을 만나게 되고, 그 자리에서는 다른 사람에게 해코지하려는 마음이 들지 않을 것입니다.

매일매일 이런 실전적인 경험을 하지 않는다면 절대로 성령과 함께 살 수 없고, 양심대로 살 수 없고, 아버지 뜻대로 살 수도 없습니다. 입만 열면 "아버지 뜻대로 산다!"라고 하고,

입만 열면 "나는 율법을 잘 지킨다!" 하던 사람도, 예수님으로부터 "이 독사의 자식들아!"라는 말을 들었습니다.

그러면서 "너희는 하느님의 자녀가 아니다."라고 하셨습니다. "무슨 소리입니까? 우리는 아브라함의 자녀이고, 모두가 하느님을 따르는 사람들인데 …." 그러자 예수님은 "아브라함의 자녀가 그렇게 죄를 지을 리 없다. 아브라함은 하느님을 높였는데, 너희는 사탄 마귀의 자녀다." 하고 저주를 내리십니다(요한복음 8:39~47 참조).

예수님의 말씀은 이처럼 독하기도 합니다. 우리가 이런 말을 면전에서 들었다면 정신이 아득해질 정도로 충격을 받지 않을까요? 소위 '멘붕'이 올만한 이야기를 마구 하신 것이죠. 이런 말씀을 듣지 않는 방법은 간단합니다. '아버지'를 바로 만나면 됩니다. 이름이 아무개인 여러분의 자아를 잠시 내려놓으세요. 우리에게 가장 귀한 '나'를 내려놓아 보세요.

그러면 여러분의 마음에 바로 화평이 오고, 만족이 옵니다. 이런 체험을 계속하지 않는 한, 여러분 안에서 진정한 사랑이 나오기는 어렵습니다. 이웃을 사랑하려면 나와 남을 둘로 보지 않아야 하는데, 남과 다른 '나'를 확고히 세우고서 어떻게 그런 마음이 되겠습니까? 바리새인들이 그런 마음으로 율법을 지키고 있었기 때문에 예수님이 비판하신 것입니다. 그렇게 욕심이 가득해서 무슨 사랑을 하겠느냐는 것이죠.

에고가 있는 한 우리는 '시간時間·공간空間·인간人間'의 제약을 받습니다. 이것을 일러 '삼간三間'이라고 하지요. ① '시간(때의 사이)', 우리는 늘 언제부터 언제까지의 시간 속에서 살다가 갑니다. 예수님도 언제 태어나서 언제 돌아가셨지요. ② '공간(장소의 사이)', 동서남북 중 어느 지역에 살고 있습니다. ③ '인간(사람의 사이)', 어머니는 누구이고, 아버지는 누구이고 … 하는 인간관계가 있습니다. 현상계의 자아인 에고는 이 세 가지와 묶여 있어요.

이렇게 우리는 시대와 환경, 인간관계의 여러 제약을 받으며 살아갑니다. 예수님은 그런 여러 제약 안에서 말씀을 하신 것입니다. 그래서 젊은이가 "선하신 이여!" 하고 예수님을 부를 때, 예수님이 "나는 선하지 않다!"라고 한 마디로 잘라 거부하신 것은, 예수님의 제한적 거죽을 보고 선善을 섣불리 판단할까봐 걱정이 되었기 때문입니다. 예수님의 에고를 보고서 그게 아버지의 전부라고 재단하면 안 되니까요. 그래서 "내 안의 아버지만이 선하지 내가 선한 것이 아니다!" 하고 말씀하신 것이죠.

하지만 어떤 때에는 반대로 "나를 보면 성령이신 아버지도 뵌 것이다!"(요한복음 14:9)라고 말씀하시기도 합니다. 이것은 예수님이 '성령'(양심) 그대로 사시기 때문에 하신 말씀입니다. 이런 두 가지의 모순된 이야기가 모두 나오는 것은 그때그때 상황이 다르고, 듣는 사람의 수준이 다르기 때문입니다.

그런데 예수님께서 '성령'이 충만하실 때에는 어떻게 말씀하시죠? "내가 길이요, 진리요, 생명이다!"(요한복음 14:6) 이것은 지금 '나'라는 그릇에 담겨 있는 '성령의 빛'이 사방에 퍼지고 있어서, 예수님의 인간적인 에고가 문제가 되지 않기 때문에 하신 말씀입니다. 우리는 예수님의 이런 두 가지 모습을 모두 이해해야 합니다. 그리고 우리의 입에서도 그런 말이 실전 속에서 나올 수 있어야 합니다.

즉, 내가 아무리 선하게 행동했다고 하더라도 그것은 '성령의 뜻'을 그대로 따른 것이기 때문에•, "정말로 선하신 분은 성령뿐이시다!"라는 말을 할 수 있어야 하고, 또 내가 양심 그대로 행동했다면 "내가 한 것을 보면 '아버지'를 알 수 있지 않

• "'성령'께서 곧장 예수님을 광야로 내보내셨다." (마가복음 1:12)
  "예수님께서 '성령'으로 인도되어 광야로 나가셨다." (마태복음 4:1)
  "예수님께서 '성령의 힘'을 지니고 갈릴리로 돌아오셨다." (누가복음 4:14)

4. 하느님의 마음으로 율법을 완성하라

느냐?"라고 할 수도 있어야 합니다.

 이렇게 하나씩 이해해 가시기 바랍니다. 알면 '자유'가 오는데 모르면 '구속'이 옵니다. 그래서 그걸 이용해 먹겠다는 거짓 선지자들을 끌어들이게 됩니다. 여러분이 자명하게 알고 있으면 여러분과 성령 사이, 여러분과 아버지 사이를 이간질할 다른 사람이 사이에 낄 수가 없어요. 여러분은 지금 투명할 정도로 자명하십니까? 항상 자명하고 명쾌하셔야 합니다.

 예수님은 '영원한 생명'을 얻고 싶다면 계명들을 지켜야 한다고 하셨는데, 어떤 계명들을 지켜야 할까요? 그리고 그 계명이란 무엇입니까? "살인하지 마라. 간음하지 마라. 도둑질하지 마라. 거짓 증언을 하지 마라. 부모님을 공경하라. 그리고 그대의 이웃을 그대 자신처럼 사랑하라는 것이다." 하는 계명들이 그것이죠.

 그런데 이 모든 계명들은 "그대의 이웃들을 자신처럼 사랑하라!"라는 하나의 계명에 사실 모두 포함됩니다. 황금률을 실천하여 내가 남을 나처럼 사랑하는데 어떻게 도둑질을 하고, 어떻게 부모님을 함부로 대할 수 있을까요? 더군다나 부모님은 나를 낳고 기르느라 고생하신 분들인데, 어떻게 공경하지 않을 수 있겠습니까? 이웃을 나처럼 사랑할 수 있으면 나머지는 다 따라옵니다. 그래서 예수님이 말씀 중에 "이웃을 사랑하라!"라는 계명 하나로 내용을 종합하실 때도 있는 것입니다.

그런데 그 젊은이가 다시 묻기를 "저는 그 모든 것들을 지켜왔습니다. 저에게 무엇이 부족합니까?"라고 했습니다. 예수님 말씀의 핵심을 전혀 이해하지 못하고 있는 데다 아주 되바라졌지요? 예수님께서는 선하신 이는 아버지 한 분뿐이고, 그 아버지의 힘을 통해서만 이 계명이 온전해질 수 있다는 생각을 갖고 계신데, 지금 이 젊은이는 "전 다 했는데요?"라고 말하고 있습니다. 이것이 바리새파의 전형적인 모습입니다.

그래서 예수님께서는 그 청년에게 가진 재산을 다 팔아서 가난한 이에게 주고 나서 자신을 따르라고 하셨습니다. 예수님께서 갑자기 이런 말씀을 하신 이유는 뭘까요? 예수님께서 모든 사람들에게 그렇게 재산을 팔라고 말씀하신 것이 아닙니다. 이것은 그 젊은이에게만 하신 이야기죠. 왜 그랬을까요?

이 젊은이는 지금 자기가 선을 많이 하고 있다고 생각하고 있어요. "나 정도면 부자들 중에서는 꽤 선한 편이다." 하고 말입니다. "부자들 중에 나 정도로 좋은 일을 하는 사람은 없다."라고 생각하는 젊은이에게 "그래? 그럼 네 재산을 팔아서 불우이웃을 도울 수 있겠어?" 하고 물으신 것이죠.

　재산을 팔아서 불우이웃을 도우면 그 재산이 다 사라진 것 같아 보이겠지만, 하늘나라에 영적 포인트가 쌓일 것입니다. '하늘나라의 보물'이라는 것은 여러분이 쌓은 공덕을 말합니다. 이 땅에서 재산을 잘 쓰면 하늘나라의 아버지께서 나에게 주실 포인트가 엄청나게 생긴다는 것입니다.

　그런데 이 질문을 받은 젊은이가 어떻게 반응했나요? 슬퍼하더니 떠났습니다. 그 청년이 그 정도의 마음이라는 것을 예수님은 처음부터 꿰뚫어 보신 것이죠. 그래서 "네 속을 좀 봐라!" 하고 말씀하신 것입니다. 그런데 이 이야기를 글자 그대로 읽고서 "우리 신도들은 왜 재산을 안 내놓는 거야?" 하면 안 되겠죠?

　이 경우는 예수님이 젊은이에게 자극을 주려고 하신 말씀입니다. 재산을 팔아 이웃을 도우면 아버지께서 큰 보상을 해 주신다고 했는데, 이것은 단순한 맹신이 아니라 '양심'에 합당한 이야기입니다. 불우이웃을 도우면 양심을 좋아하시는 아버지께서 보상해 주시리라는 것이 당연한데도, 이 청년에게는 그런 믿음이 없었죠. 그래서 머뭇거리다가 떠나버렸습니다. 이런 마음으로는 아무리 십계명을 지켜봐야 의미가 없지요. 이것을 지적해 주신 것입니다.

　예수님은 항상 사람마다 각각 그 사람에게 맞는 정확한 지적을 해 주시는 분이니까, 이것을 아무에게나 함부로 적용해서는 안 됩니다. 사람들에게 가서 "재산 팔아서 내놔 봐! 에이, 믿음이 약하네!" 하고 다른 사람을 착취하고 지적할 때 쓰면 안 되겠죠. 예수님이 말씀하신 그 상황을 제대로 이해하셔야 해요.

　재물을 남에게 베풀수록 여러분의 영혼은 빛나게 되어 있어요. 왜 그럴까요? 만약 여러분이 많은 재물을 가지고 있으면 에고는 불안하기 때문에 결핍감, 이기적인 마음, 불안, 두려움이 일거에 일어납니다. 이것을 완전히 해결할 수 있는 유일한 방법이 '양심에 따른 선행'인 것이죠.

　우리는 돈만 많다면 모든 문제가 다 해결될 것이라고 생각합니다. 실제로 돈이 많은 사람들에게는 이런 또 다른 문제가 생기지만, 그래도 물질 중에서 최고의 만능키가 '돈'인 것은 사실입니다. 그래서 에고는 돈을 정말 좋아합니다. 그런데 에고가 정말 현명하다면 어떻게 할까요?

　우리가 많은 재물을 모아 두기만 하는 것이 아니라 선한 일에, 양심적인 일에 흔쾌히 쓴다면 어떻게 될까요? '성령'이 우리 안에서 광명하게 빛나게 됩니다. 내가 남한테 베풀 때마다 '사랑과 정의의 성령'이 우리 안에서 점점 살아납니다. 이것을 '영적 재테크'라고 하는데요, 가지고 있는 돈을 몇 배로 불릴 수 있는 비방입니다.

  내가 가진 돈을 남을 위해, 좋은 일에 쓰세요. 그러면 그렇게 쓴 만큼 하늘이 보상해 주어 영적으로 포인트가 쌓입니다. 그리고 거기에서 끝나는 것이 아니라, 여러분의 '성령'(양심)이 밝아져서 더 큰 '사랑'과 '정의'를 실천할 힘을 얻게 됩니다. 이게 선순환이 되면 어떻게 될까요? 선을 베풀 때마다 포인트가 계속 쌓여서 몇 배로 불겠지요? 이것이 '영적 재테크'이고, 이렇게 살아가는 사람이 하늘나라의 부자입니다.

  불교에서는 이런 개념을 '회향廻向'이라고 합니다. 이것은 '돌회'(廻)자, '향할 향'(向)자를 써서, 방향을 틀어 버린다는 의미입니다. 보살들이 열심히 해야 할 일이 바로 '회향'입니다. 회향은, 보살도를 닦아서 그 영적 포인트가 엄청나게 쌓이면 그 공덕을 내가 취하는 것이 아니라 중생한테 돌리거나, 불성·성령에 돌리는 것입니다. "내가 잘했나? 불성이 시킨 대로 했을 뿐이지!" "그러니 이 공덕의 과보를 혼자 누릴 수 있나? 중생과 함께 나눠야지!" 하고 자신의 공덕을 회향해 버리면 그

포인트가 헤아릴 수 없게 불어나는 것이죠.

이렇게 해서 영적 포인트가 커지고, 자신 안의 선한 '불성의 힘'(성령의 힘)도 커지면, 더 큰 일을 해서 더 큰 포인트를 쌓고, 그것을 내가 취하지 않고 회향하니까 또 커지고, 또 커지고…. 그런 힘으로 우리가 '부처'도 될 수 있는 것이고, 그 힘으로 우리가 '온전한 빛의 자녀'가 될 때까지 성장하고 성화聖化되어 가는 것입니다. 그런 힘이 없으면 그 길을 갈 수 없습니다.

우리가 남에게 베푼 흔적이 '영적인 포인트'입니다. 그런데 영적인 포인트가 없는 사람도 있겠지요? 베풀고 나눈 적이 없는 사람들, 그런 사람은 "기도해서 바로 아버지를 만나야지!" 하고 앉아 있어도 공덕이 짧아서 잘 안 됩니다.

『마태복음』의 이 구절에서, 예수님은 젊은 친구에게 영적 포인트를 쌓는 비방을 가르쳐 주었습니다. "그런 물질적인 재물은 가지고 있어 봐야 죽을 때 다 놓고 가는데, 하늘나라에 보물을 쌓는 법이 있어. 아버지를 믿고 진심으로 남을 위해 베풀어 봐!"(마태복음 6:19~21 참조) 하지만 그 청년은 받아들이지 못하고 가 버렸죠. 여러분도 만약 예수님으로부터 이런 질문을 받았다면 어떻게 답할 것인지를 한 번 생각해 보십시오.

예수님은 또 부자들이 '하늘나라'에 가기 어렵다고 하면서 낙타가 바늘구멍을 통과하는 것이 더 쉬울 것이라고 말씀하셨습니다. 물론 부자라고 해서 다 어려운 것은 아닙니다. '재물'에 대한 집착이 '양심'에 대한 추구보다 더 강한 사람들이 힘들다는 것이지요. 아무래도 가진 것이 많다 보면 재물에 대한 집착도 커질 가능성이 높아지니까요.

제자들이 이 이야기를 듣고 몹시 놀라서, 그렇다면 누가 구원받을 수 있는지를 물었습니다. 그러자 예수님은 "사람에게는 불가능하나 하느님에게는 가능하다."라고 하셨습니다. 이것은 '인간적 에고'로는 못 하고 '진리의 성령'으로 가능하다는 뜻입니다. 돈이 수중에서 빠져나가면 우리의 에고는 결핍감, 불안, 두려움을 겪게 되기 때문에, 돈을 남에게 쓰는 것이 쉬운 일은 아닙니다.

그런데 혹시 내가 충분히 베풀 수 있는 여건임에도 불구하고 그런 에고의 욕심과 두려움 때문에 못 하고 있다면, '성령의 힘'을 빌려야 할 것입니다. 성령의 힘을 빌리고 싶다면, "몰라!" 하면서 자신의 이름을 잠시 잊고 그 상태로 5분만 머물러 보세요. "몰라!" "괜찮아!" 하고 단호히 선언해 보세요. 일체를 망각하고 우리 안에서 내면의 평화와 영적인 만족감이 가득해질 때, 우리는 '성령'과 하나가 됩니다.

'성령'과 하나가 되는 것은 바로 알 수 있습니다. 어떻게 알까요? '성령'은 뜨거운 불과 같고, '에고'는 차가운 쇠공과 같습니다. 마음을 닫아서 차가워지면 그 증상으로서 결핍감이 생기고, 이기적이 되고, 불안감이 엄습해 오고, 두려워지기 시작합니다. 이렇게 마음의 온도가 떨어졌을 때 여러분은 성령으로부터 멀리 있는 것입니다. '성령의 불'에서 멀어졌기 때문에 추워지기 시작하는 것이죠. 그럴 때에는 어떻게 하면 될까요? "몰라!" "괜찮아!"를 하면 다시 마음이 평화로워지고, 만족감이 생기고, 더 바라는 것이 없어집니다.•

우리는 이렇게 자신이 '성령'(양심)과 얼마나 멀고 가까운지를 순간순간 확인할 수 있습니다. 이것은 어려운 일이 아닙니다. 아주 쉬워요. 만약에 여러분이 마음에서 '빛'을 잃어버리고 '짠맛'을 잃어버린다면, 그것은 우리가 '욕심'에 제압되었기 때문입니다. 이렇게 성령으로부터 멀어지면 우리는 예수님의 제자가 될 수 없고, 하느님의 자녀도 되기 어렵습니다.

우리가 '율법'을 완벽하게 지킬 수 있을까요? 율법을 완벽하

• 예수님께서 말씀하시길 "나에게 가까이 있는 사람은 누구든지 '불'에 가까이 있는 것이다. 나에게서 멀리 떨어져 있는 사람은 누구든지 '왕국'에서 멀리 떨어져 있다."라고 하셨다. (도마복음 82절)

게 지킨다는 것은 사실 어려운 일입니다. 이웃에게 돈을 주는 일은 할 수 있어도, 진심으로 그 사람을 나처럼 사랑하면서 돕기는 어렵거든요. 하지만 하느님은 가능하십니다. 하느님이 시키신 것이니 '하느님 마음'(양심)으로는 가능하죠. 인간은 못 지켜도 하느님 마음은 완벽하게 율법을 지킬 수 있어요.

그러면 그런 일을 우리는 어떻게 할 수 있겠습니까? '에고'로는 못 합니다. 우리 에고의 눈에는 남이 그렇게까지 사랑스럽지 않습니다. '성령의 마음'에서 사랑스러운 것이죠. 그런 마음은 '양심'에서 나옵니다. 맨 정신으로는 남을 구하겠다고 뛰어들지 못하는데, 내가 정말 사랑하는 사람이 지하철 선로에 떨어져 있다면 자기도 모르게 뛰어들겠죠? 그게 '사랑의 힘'입니다. 에고로는 못 하지만 '사랑과 정의의 성령'이 응하면 기적이 일어나는 것이죠.

여러분, 총알이 날아오는데 뛰어들 수 있나요? 지금은 불가능하겠지요. 그런데 만약 여러분이 정말 사랑하는 가족이나 친구, 애인에게 총알이 날아간다면 뛰어들 수도 있을 겁니다. 그때는 조건이 달라지니까 성령이 움직여 버려요. 양심이 움직이는 것이죠. 이런 차이를 알아야 합니다. 여러분, 지금 뜨거우신가요? 빛나고 계시나요? 일단 "몰라!" 하십시오. 자아를 초월하십시오!

아버지로부터 분리된 '고아의 마음'인 에고로 존재할 때, 우리는 한없이 차가워지고, 두렵고, 걱정이 되고, 불안합니다.• 그러니 불안, 걱정, 조급함, 두려움이 밀려오면 "몰라!" "괜찮아!"를 통해서 마음을 다시 화평하게 돌리십시오. 그러면 우리는 우리의 뿌리인 '성령'과 그대로 다시 하나가 됩니다. 성령은 늘 우리 안에 있기 때문에 헤어졌던 틈 같은 것은 없습니다. "몰라!" "괜찮아!"를 하면 이미 다시 하나가 되어 있는 것입니다.

• 예수님께서 말씀하시길 "포도 줄기가 '아버지'(뿌리)로부터 떨어져서 심어져 있으니, 튼튼하지 못하여 뿌리째 뽑혀서 썩게 될 것이다."라고 하셨다. (도마복음 40절)

5

율법보다 양심을 지켜라

> 21. 그대들은 옛사람들이 "살인하지 마라. 살인자는 누구나 재판에 넘겨질 것이다."라고 한 것을 들었을 것이다.
> 22. 그러나 나는 그대들에게 이르노니, 자신의 형제에게 화를 내는 자는 누구나 재판에 넘겨질 것이다. 자신의 형제들에게 '하찮은 놈!'이라고 하는 자는 공회公會(산헤드린)에 넘겨질 것이며, '멍청이!'라고 하는 자는 불타는 지옥에 던져질 것이다.

이제 본격적으로 '율법주의'를 하나하나 비판해 보겠습니다. 일단 예수님은 "살인하지 마라. 살인자는 누구나 재판에 넘겨질 것이다."라는 선인들의 율법을 인정하십니다. 율법의 한 자 한 획도 반드시 이루어져야 합니다. 율법이 부정되어서는 안 됩니다. 율법이 힘을 잃으면 사회 전체의 정의가 땅에 떨어지기 때문입니다.

하지만 '율법의 집행'보다 더 중요한 것이 있으니 그것은 '양심의 구현'입니다. 율법도 사실 '양심의 명령'이니까요.• 그러니 율법을 어겨야만 재판에 넘길 죄가 되는 것이 아닙니다. 양심을 어겼으면 모두 재판에 넘길 정도의 죄를 저지른 것이죠. 그래서 형제를 무시하고 비방하는 '양심 없는 자'들은 모조리 재판에 넘겨지거나 불타는 지옥에 던져져야 한다고 말씀하신 것입니다. 자기 형제를 함부로 대하는 그 마음이 '비양심'인 것인데, 그런 비양심을 방치하고 살면서 정해진 율법만 잘 지키면 된다고 할 수 있느냐는 것이죠.

예수님은 형식적 율법의 고수보다, 형제를 무시하지 않고 비방하지 않는 그 마음, '양심'이 더 중요하다는 것을 말씀하고

• 율법이 없는 이방인들은 자신의 '양심'(본성)에 따라 율법의 일을 행하니, 율법을 가지고 있지 않아도, 이것들이 그들 스스로에게 율법이 됩니다. 그들은 율법의 행위들이 그들의 마음에 새겨져 있다는 것을 보여 줍니다. 그래서 그들의 '양심'은 증인이 되며, 그들의 생각들은 혹은 비난하기도 하고 혹은 변명하기도 하는 것입니다. (로마서 2:14~15)

계십니다. 즉, 율법이 틀렸다는 것이 아니라, 그런 '역지사지의 양심' 없이 율법들을 형식적으로 적용하게 되면, 더 무서운 세상이 만들어질 수도 있다는 것을 경고하신 것이죠. 예수님은 살인자의 재판보다, 형제간에 서로 사랑하는 것부터 가르치는 것이 더 중요하다는 말씀을 하고 계신 것입니다.

『논어論語』에는 다음과 같은 공자孔子의 말씀이 전해 옵니다.

> 공자께서 말씀하시길 "정책으로만 인도하고 형벌로 가지런히 한다면 백성들이 형벌을 면하려고만 할 뿐 부끄러움이 없을 것이다. 덕으로 인도하고 예절로 가지런히 해야만 부끄러움을 알고 스스로 바로잡을 것이다."라고 하셨다.
> 子曰 道之以政 齊之以刑 民免而無恥 道之以德 齊之以禮 有恥且格 (논어 위정爲政)

올바른 정치는 '형벌'로만 백성을 다스리지 않으며, '양심'으로 인도해야 한다는 것입니다. 백성들이 실정법을 어겼을 때만 죄를 짓는 것이라 여기게 되면, 점점 양심에 부끄러움이 없어집니다. 따라서 백성들의 양심을 각성시키는 정치를 해야만, 백성들 스스로가 양심에 부끄럽지 않고자 각자 자신을 바로잡게 될 것이라는 것이죠. 백성들 스스로 '양심의 소리'에 귀를 기울이도록 인도할 수 있을 때 최고의 정치가 이루어질 수 있으니까요. 예수님의 가르침도 바로 이런 의미입니다.

 그래도 형제를 무시하고 비방했다는 이유로 재판에 넘겨지고, 불타는 지옥에 떨어진다는 말씀은 좀 과하게 느껴지죠. 그렇다면 이것은 무엇을 말하는 것일까요? 율법을 올바르게 실천하고 싶다면, 가까운 형제를 무시하는 '비양심'부터 바로잡으라는 것입니다. 양심에 어긋나는 그런 사소한 언행이 방치되었을 때 무서운 살인까지 벌어지게 되는 것이니까요.

 '비양심'은 아무리 사소한 것이라 하더라도 방치하지 말고, 작은 불씨일 때 바로잡아야 한다는 것이 예수님의 참된 뜻일 것입니다.• 백성들의 비양심은 방치하고 살인한 뒤에 처벌하는 것만으로는, 우리가 양심적이 될 수 없으니까요. 양심으로 율법을 보완하겠다는 예수님의 의지가 느껴지시나요?

• 편안할 때는 지키기가 쉽고 조짐이 아직 드러나지 않았을 때는 도모하기가 쉬우며, 약할 때는 깨뜨리기 쉽고 미세할 때는 흩어지게 하기 쉽다. 아직 생겨나기 전에 해치워야 하며 어지러워지기 전에 다스려야 한다. 한 아름의 나무도 터럭만한 싹에서 자라나고 아홉 층의 누대도 한 줌의 흙에서 시작되며 천 리 길도 발밑에서 시작한다. (其安易持 其未兆易謀 其脆易泮 其微易散 爲之於未有 治之於未亂 合抱之木 生於毫末 九層之臺 起於累土 千里之行 始於足下, 노자)

> 23. 그러므로 그대들이 제단에 예물을 바치려고 하다가, 그대들의 형제가 그대들에게 원망을 품고 있음이 떠오르거든,
> 24. 예물을 제단 앞에 놓아두고 물러가서, 먼저 그대들의 형제와 화해한 뒤에 돌아와서 예물을 바쳐야 한다

하느님께 예물을 올리고 제사를 지내는 일은 정말 잘 하는데, 그것을 형제간에 다투고 와서 한다면 하느님이 기쁘게 받으실까요? 이것도 형식적으로 율법을 잘 지키는 것보다, 형제간에 서로 사랑하는 것이 더 중요하다는 말씀입니다.

우리나라의 제사 문제도 마찬가지입니다. 가족끼리 서로 싸우면서 제사를 지낸다면 그 제사가 무슨 의미가 있겠습니까? 가족 간의 화합이 더 중요합니다. 여러분이 부모가 되어 돌아가셨는데, 자녀들이 여러분의 제사를 지내는 문제 때문에 싸우고 가정이 깨진다면, 그것이 진정 여러분이 원하는 것이겠습니까? 아니겠지요?

가족 간의 사랑은 빠지고 "부모님께 제사를 잘 지내야 효도지." 하는 형식만 강요된다면, 그것이 바로 율법주의의 한계에 빠진 모습입니다. "가족 간에 사랑하라!" 지금 예수님은 이

말씀을 하고 계신 겁니다. 율법의 본질은 '양심의 명령'을 구현하는 것입니다. 형제도 자신처럼 사랑하지 못하면서, 어떻게 참된 율법의 구현이 이루어질 수 있겠습니까?

> 25. 그대들을 고소한 자와 함께 법정으로 가고 있다면, 도중에 빨리 화해하라. 그렇지 않으면 고소한 자가 그대들을 재판관에게 넘기고 재판관은 그대들을 형리에게 넘겨 감옥에 갇힐 것이다.
> 26. 내가 진실로 그대들에게 이르노니, 마지막 한 닢까지 갚기 전에는 결코 나올 수 없을 것이다.

여러분이 남에게 잘못을 해서 상대방이 고소를 하였다면, 율법이 심판하기 전에 '양심의 명령'에 따라 빨리 화해하라는 것입니다. 자신이 잘못을 해놓고도 "그래, 법대로 해 봐!" 하면서 버티지 말라는 것이죠. 율법의 구현은 법정에서만 이루어지는 것이 아닙니다.

우리가 양심(성령)의 뜻을 어기는 잘못을 했다면, 외적인 법정에서 심판을 받기 전에 이미 우리 각자의 내면에 존재하는 '양심의 법정'에서 심판을 받게 됩니다. 양심의 뜻을 따르게 되면 이 법정에서 '자명하다'는 판결이 내려지며, 양심을 어길 경우에는 '찜찜하다'는 판결이 내려지게 됩니다. 이러한 자명·찜찜의 신호는 그대로 '양심(성령)의 판결'입니다.

이렇게 하느님의 판결이 내려졌는데, 이를 무시하고 버티실 겁니까? '자명하다'는 신호는 계속 그 일을 추진하라는 명령이며, '찜찜하다'는 신호는 그 일을 중지하고 바로잡으라는 명령입니다. 이런 양심의 판결을 무시하고, "혹시 법정에 가면 내가 더 유리하지 않을까?" 하면서 양심을 방치하지 마십시오.

예수님은 인과법칙에 철저하십니다. 뿌린 대로 거두리라고 말씀하시는 분이니까요. "사랑의 하느님이니까 대충 넘어가시겠지 …." 하고 오해하면 안 됩니다. 혹시 본인이 잘못하고 있다면 빨리 깨끗이 갚고 화해해야 할 것입니다. 살인자를 잡아서 율법대로 처벌하는 것보다, 서로 사랑하고 양심에 따르는 것이 율법을 구현하는 올바른 방법이라는 것이 예수님의 뜻이니, 모두 율법주의를 보완하기 위해 말씀하신 것입니다.

6

속마음으로도
죄를 짓지 마라

> 27. 그대들은 "간음하지 마라."라고 들었을 것이다.
> 28. 그러나 나는 그대들에게 말한다. 음욕을 품고 여자를 바라보는 자는, 누구나 이미 마음으로 그 여자와 간음한 것이다.

간음하지 말라는 말을 들었을 때 "나는 떳떳하다!"라고 생각하는 많은 사람들이 사실 속마음으로 간음하고 있어요. 마음속으로는 여자에게 음탕한 마음을 품고 있는데 겉은 "나는 간음하지 않았으니 깨끗하다." 하고 있으면 양심이 찜찜하지 않을까요? 예수님은 지금 분노하여 말씀하고 계시는데, 그런 식으로 율법을 지켜서는 아버지의 왕국에 갈 수 없기 때문에 따끔한 사랑의 매를 드신 것입니다.

그런데 분노하는 것은 "원수를 사랑하라!"라는 예수님의 다른 말씀에 어긋나는 것은 아닐까요? 예수님은 왜 이렇게 사람들에게 화를 내고 계실까요? "원수를 사랑하라!"라는 말을 너무 단편적으로 생각하지 마세요. 지금 예수님은 사랑하기 때문에 따끔한 가르침을 주고 계신 것입니다.

'속마음'으로라도 죄를 지었다면 죄를 지은 것입니다. 그것을 반성하지는 못할망정 "아니, 실제 행동으로 저지른 것은 아니지 않습니까?" 하고 변명하는 사람도 있을 것입니다. 그러나 이미 '생각' 차원에서 양심에 부끄러운 짓을 했다는 것은 부정할 수 없죠. 물론 인간은 그럴 수 있습니다. 그러니 반성하라는 것이고, 다만 그것을 "떳떳하다."라고 말하지는 말라는 겁니다. 겉으로 드러나는 행동을 하지 않았다고 해서, 하느님 앞에서도 "나는 당당하다."라고 주장할 수는 없겠죠.

인간이 못 하는 것을 성령은 할 수 있습니다. 그러니 일체의 생각·감정·오감에 "몰라!"를 선언하고 자신의 '존재감'(I Am)에 집중하여, 자신의 내면이 차갑게 식지 않고 늘 하느님 마음이 되어 따뜻하도록 만들어 놓으면, 그런 음욕이 마음을 점령하지 않을 것입니다. • 인간적인 마음으로야 무슨 짓이든 할 수 있지만 하느님의 마음만이 그것을 극복할 수 있으니, 늘 반성하면서 '양심'과 온전히 하나가 되어 살아가라는 말씀인 것입니다.

• 부록에 실린 '무지의 기도'와 '무지의 기도의 핵심'을 참조하십시오.

> 29. 오른쪽 눈이 그대들로 하여금 죄를 짓게 하거든, 그것을 빼어 던져 버려라. 온몸이 지옥에 던져지는 것보다, 한 부분을 잃는 것이 나을 것이다.
> 30. 그리고 오른손이 그대들로 하여금 죄를 짓게 하거든, 그것을 잘라서 던져 버려라. 온몸이 지옥에 던져지는 것보다 한 부분을 잃는 것이 나을 것이다.

두 팔을 가지고 지옥에 가는 것보다 외팔이로 천국에 가는 것이 나을 것이라고 하셨는데, 이것은 몸뚱이를 잘라내는 그런 심정으로 '속마음'으로라도 죄를 지은 것이 있다면 단호하게 잘라내라는 말씀입니다. 속마음으로라도 죄를 짓지 말라는 것은, 예수님뿐만이 아니라 모든 성인들의 공통된 가르침입니다.

> 재앙이 있을 것이다, 너희 율법학자들과 바리새인들이여! 너희는 잔과 접시의 바깥만 깨끗이 하나, 그 안은 '탐욕'과 '방종'으로 가득 차 있도다. 눈먼 바리새인들이여! 먼저 잔의 '속'을 깨끗이 하여라. 그러면 '바깥'도 깨끗해질 것이다. (마태복음 23:25~26)

잔의 겉이 몸뚱이이고 잔의 속이 마음이라고 치면, 바리새인과 율법학자들은 속이 새까맣게 썩었는데 겉으로 언행만 계속 번지르르 하게 닦고 있었습니다. 형식적인 율법주의만 고수하고 있었다는 것이죠. 그래서 내면이 탐욕과 방종으로 가득 차 있다고 하신 것입니다.

우리의 속마음이 '성령'(양심)으로 가득 차 있으면 언행도 좋게 나오는데, 속이 성령을 모르면 차갑고 어둡습니다. 그렇게 늘 욕심에 쫓기면서 차갑고 어두운 마음으로 살아가는 사람들이, 겉만 번지르르 하게 한다고 해서 과연 성령을 온전히 구현할 수 있겠습니까? 중요한 것은 '속'입니다. 속이 깨끗해지면 겉도 자동으로 깨끗해지는 것이죠. 속마음이 깨끗한데 말이 곱게 나가지 않을 리가 없으니까요.

우리는 다음의 4가지 질문으로 속마음을 점검하는 '양심성찰'을 생활화해야 합니다. ① 남의 입장을 내 입장처럼 진심으로 이해하고 배려했는가?(사랑, 인仁) ② 내가 당하기 싫은 일을 남에게 가하지 않았는가?(정의, 의義) ③ 나의 생각과 언행이 겸손하며 상황과 조화를 이루었는가?(예절, 예禮) ④ 나의 정보와 판단은 자명한 것인가?(지혜, 지智) •

• 부록에 실린 '양심노트'를 참고하십시오.

자신의 속마음을 '사랑·정의·예절·지혜'(仁義禮智)의 4가지 덕목으로 점검하면, 내면이 곧바로 자명해집니다. 그리고 속마음이 깨끗해지면 겉으로도 '황금률'에서 벗어난 행동을 하지 못합니다.

누군가가 여러분에게 공손하게 군다고 해서 그 사람이 정말로 예절 바른 사람일까요? 속마음에서부터 양심을 따지지 않는다면, 겉으로는 그럴듯하게 예절을 잘 지키는 것처럼 보여도 속으로는 "넌 내 밥이다." 하고 무시하고 있을 수도 있습니다. 속마음은 얼마든지 탐욕과 방종으로 가득 차 있을 수 있는 것이죠. 그래서 동양의 유교에서도 속마음을 바로잡는 것을 가장 중시했습니다.

> 군자는 보이지 않는 바를 경계하고 진실하게 하며, 들리지 않는 바를 두려워한다. 숨겨진 것보다 더 잘 보이는 것은 없고, 미세한 것보다 더 잘 드러나는 것은 없다. 그러므로 군자는 그 '자신의 속마음'을 신중히 한다.
> 君子 戒愼乎其所不睹 恐懼乎其所不聞 莫見乎隱 莫顯乎微 故君子愼其獨也 (중용)

우리의 '속마음'은 다른 사람들에게 보이지도 들리지도 않습니다. 하지만 결국 '표정'으로 '언행'으로 드러나기 때문에 모두 알 수 있죠. 누군가가 여러분에게 접근해서 가식적인 친절을 베푼다면, 여러분은 그것이 이상하다는 것을 눈치챌 것입니다. 숨겨진 것보다 더 잘 보이는 것은 없고, 미세한 것보다 더 잘 드러나는 것은 없으니까요. 그러므로 군자는 자신의 속마음을 중시한다는 것입니다.

> 숨겨 둔 것은 드러날 것이며, 감춰진 것은 알려질 것이다. 그대들이 어두운 곳에서 말한 것은 밝은 곳에서 들릴 것이며, 그대들이 안방에서 귀에 속삭인 말은 지붕 위에서 선포될 것이다. (누가복음 12:2~3)

『누가복음』의 내용도 유교와 그대로 통합니다. 어두운 곳에서 말한 것이 밝은 곳에서 들릴 것이라는 말은, 여러분이 '속마음'으로 죄를 짓더라도 '겉'으로 드러나기 때문에, 남들이 모두 보고 있다는 것을 알라는 의미입니다. "이건 남들이 모를 거야." 하고 속으로 죄를 지어도 남들은 다 알고 있고, 이미 그 부분에 대해 평가가 내려지고 있다는 것도 알아야 합니다. 다른 사람의 내면에 자리한 성령(양심)을 어떻게 속일 수 있겠습니까?

7

타당한 이유 없이
아내를 버리지 마라

> 31. 그대들은 "자신의 아내를 버리는 자는, 그 여자에게 이혼장을 써 주어야 한다."라고 들었을 것이다.
> 32. 그러나 나는 그대들에게 말한다. 불륜을 저지른 경우를 제외하고 아내를 버리는 자는 그 여자를 간음하게 만드는 것이다. 그리고 버림받은 여자와 혼인하는 자도 간음하는 것이다.

　율법에서는 "남편에게 수치심을 일으킨 아내와는 이혼할 수 있다."라고 말하고 있습니다. 그런데 그 의미가 광범위하다 보니 나중에는 확대 적용되어서, 남자들이 새 여자를 얻고 싶으면 그냥 이런저런 구실을 붙여서 이혼을 해 버리게 되었습니다. 예수님은 그런 율법의 왜곡과 폐단을 막아 주려고 말씀하고 계신 것입니다.

'결혼의 본질'은 두 사람 사이의 약속이니까, 결혼의 본질을 깰 정도의 사유가 아니면 절대로 이혼을 하면 안 된다는 것이죠. 이것이 율법입니다. 그리고 아내를 버릴 때에 이혼장을 써 주라는 말은, 가능한 이혼을 하지 않도록 하되 정말 이혼해야 할 때에는 서로 명확히 하라는 것입니다. 이 율법은 중요한 메시지를 담고 있습니다. 하지만 그것에 사랑의 마음이 담기지 않으면 껍데기만 남은 형식이 될 뿐이겠지요.

"불륜을 저지른 경우를 제외하고 아내를 버리는 자는 그 여자를 간음하게 만드는 것이다."라는 말씀은, '결혼의 계약'을 파기할 정도로 심각한 부정이 있는 경우가 아니라면 이혼을 해선 안 된다는 의미입니다. 만약의 그런 식의 이혼을 한다면 그 여자와 결혼한 사람까지도 모두 간음한 것이 된다고 엄포를 놓으셨죠.

예수님은 언제나 형식적 율법의 준수보다 '양심의 구현'을 중시하십니다. 상대방이 결혼의 본질을 손상시키지 않았는데, 율법으로 포장된 개인적 욕심으로 이루어지는 이혼은 부당하다는 것이죠. 양심에 떳떳하지 않은 이혼은 '하느님의 뜻'에 부합하는 이혼이 아니니까요. 늘 율법의 본질은 '양심의 명령'이라는 것을 잊지 마십시오.

겉으로 율법의 형식을 지켰다고 해서 율법을 온전히 실천한 것이 아닙니다. 속으로 양심이 찜찜해 하면 '죄'를 지은 것입니다. 지금 이 순간 각자 내면의 '양심의 소리'에 귀를 기울여야 하는 이유가 이것입니다. 양심의 소리가 바로 '하느님의 뜻'이니까요. 그래서 동양에서는 양심의 소리를 '하늘의 명령'(天命)이라고 하였습니다. 또한 양심의 소리를 잘 듣고(耳) 남에게 잘 가르쳐 주는 것(口)에 탁월한(王) 사람을 '성인'(聖)이라고 불렀습니다.

8

자명한
말만 하라

> 33. 그대들은 옛사람들이 "맹세를 깨지 마라. 그대들이 주님께 맹세한 것을 지켜라."라고 한 것을 들었을 것이다.

"맹세를 깨지 마라. 그대들이 주님께 맹세한 것을 지켜라."라는 말이 율법에 있습니다. 그런데 그것이 실제로 잘 적용되었을까요? 실상은 많은 사람들이 하느님의 이름을 걸고 거짓말을 마구 했습니다. "아버지께 맹세하는데, 그건 내가 하겠다!" 이렇게 말해 놓고는 약속을 깨 버리는 일이 흔했던 것입니다. 이것은 하느님이 땅에 떨어지고, 양심이 땅에 떨어진 당시의 세태를 비판하신 것입니다.

> 34. 그러나 나는 그대들에게 이르노니, 일절 맹세하지 마라. '하늘'을 두고도 맹세하지 마라. 하느님의 옥좌이기 때문이다.
> 35. '땅'을 두고도 맹세하지 마라. 그분의 발판이기 때문이다. '예루살렘'을 두고도 맹세하지 마라. 위대한 왕의 성이기 때문이다.

 예수님은 '하늘'을 두고 맹세를 하지 말라고 하셨습니다. 하늘은 하느님이 계신 곳이기 때문입니다. 또한 하느님의 발판이 되는 '땅'을 두고도 맹세하지 말라고 하셨습니다. 그리고 하느님의 자녀가 다스리는 '예루살렘'을 두고도 맹세하지 말라고 하십니다. 자신의 양심에 비추어 자명하지 않은 맹세는 애초에 하지 말라는 것이죠. 자명하지 않은 맹세는 하느님을 농락하는 것이 될 뿐이니까요.

 "하느님을 걸고 맹세하라!"라는 율법을 온전히 구현하려면, 애초에 하느님 앞에서 진실하고 양심적이어야 합니다. 그러니 하느님 앞에서는 자명한 말만 해야 합니다. 성취 여부가 불분명한 맹세는, 애초에 '하느님'을 걸고 하면 안 된다는 것입니다. 심지어 하늘, 땅, 예루살렘을 걸고도 하면 안 됩니다. 그것들 또한 하느님의 지배 아래 있으니까요. 자명하지 않은 맹세를 할 바에는, 아예 맹세를 하지 말라는 가르침입니다.

> 36. 그대들의 머리를 두고도 맹세하지 마라. 그대들이 머리카락 하나라도 희거나 검게 할 수 없기 때문이다.

  머리카락 하나라도 희거나 검게 할 수 없다는 것은, 우리의 머리카락 하나도 우리가 마음대로 좌지우지할 수 있는 것이 아니고, 결국 머리도 우리의 것이 아니라는 말입니다. 자신이 좌지우지할 수 없는 것을 가지고 호언장담하지 말라는 것이죠. 그것은 결국 남을 속이고 하느님을 속이는 비양심적인 일일 뿐이니까요. 결론은, 자명하지 않은 맹세는 처음부터 하지 말라는 것입니다.

> 37. 그대들은 그저 "예!" 할 것은 "예!" 하고, "아니오!" 할 것은 "아니오!"라고만 해야 한다. 그 이상의 말은 '악惡'에서 나오는 것이다.

예수님께서 아예 맹세를 하지 말라고 하셨는데, 그러면 어쩌란 것입니까? 그냥 양심에 합당한 '자명한 말'만 하라는 것입니다! 자신도 성취 여부를 확신할 수 없는 것, 자신이 좌지우지할 수 없는 것을 가지고 허튼 맹세를 하지 말라는 것이죠.

하느님을 들먹이면서 양심에 맞지 않는 말을 내뱉지 말고, 늘 맞는 것은 "맞다!"라고 하고, 아닌 것은 "아니다!"라고 하라는 것이죠. 그 이상은 모두 '욕심'에서 나온 말이니까요. 이처럼 예수님은 계속 "오직 양심만 따르라!"라고 말씀하고 계십니다.

이 부분은 요즘 '메타인지'(Metacognition, 상위의 인지)라고 부르는, '인지과정을 인지하는 능력' '자신이 인지하는 것을 아는지 모르는지 아는 능력'이 올바르게 작동되어야 한다는 말씀입니다. '메타인지'가 계발되지 못하면, 자신의 선입견에 부합하는 것을 자명하다고 착각하게 됩니다. 이는 공자나 노자와 같은 분들의 가르침에서도 매우 강조되는 것입니다.

> 공자께서 말씀하시길 "유(由, 자로)야, 너에게 안다는 것에 대해 가르쳐 주마. 아는 것을 안다 하고, 모르는 것을 모른다 하는 것이 바로 '아는 것'이다."라고 하셨다.
> 子曰 由誨女知之乎 知之爲知之 不知爲不知 是知也. (논어 위정爲政)

> 알지 못한다는 것을 아는 것이 '뛰어난 것'이요,
> 알지 못한다는 것을 알지 못하는 것이 '병'이다. (노자)

악에 물들지 않는 양심적인 삶을 위해서 이토록 중요한 메타인지는 어떻게 계발될 수 있을까요? 메타인지를 계발하려면, ① 늘 깨어있는 마음으로 '선입견'에 끌려가지 않을 수 있어야 하며, ② 양심에 비추어 '자명함'의 여부를 공정하게 판단할 수 있어야 합니다.

'자명함'은 '체험'과 '개념'이 일치하는 것을 말합니다. 현상계의 지혜건 절대계의 지혜건, 모두 이 관점에서 파악 가능합니다. 늘 자명한 것만 자명하다고 인정하십시오. 그래야만 매사에 욕심을 따르지 않고 양심을 따르는 삶을 살 수 있습니다. 악에 물들지 않는 삶을 살 수 있습니다.

'악'은 양심을 저버린 것을 말합니다. 내면에서는 분명히 아니라고 하는데도 "맞다!"라고 우기는 비양심적인 마음으로는, 하느님의 뜻을 따를 수 없습니다. 맞는 것은 "맞다!"라고 하고, 그릇된 것은 "틀렸다!"라고 하는 양심적인 마음이라야 하느님의 뜻을 따를 수 있습니다. 그러니 늘 자신의 마음을 텅 비워 놓아 어떠한 사심도 없게 만들어 놓고, "자명한가? 찜찜한가?"라고만 물어야 합니다. 선입견에 휘둘려서는 안 됩니다.

9

악을 악으로
갚지 마라

> 38. 그대들은 "눈에는 눈으로, 이에는 이로 갚아야 한다."라고 들었을 것이다.

"눈에는 눈으로, 이에는 이로 갚아야 한다."라는 것은, '함무라비 법전'의 기본 원칙으로서 '탈리온'(talion) 또는 '동해보복同害報復'이라고 표현하는데, 기원이 아주 오래된 개념입니다. 당한만큼 똑같은 해를 주어서 보복한다는 의미의 '동해보복의 법칙'에 따르자면, 만약 누군가가 다른 사람의 눈을 상하게 했다면 그 가해자도 눈을 상하게 하는 식으로 처벌해야 합니다.

오늘날에는 이것을 너무 잔인하다고 생각하는 사람들이 많은데, 이런 법이 제정된 상황을 한번 생각해 보면 이야기가 달라집니다. 어떤 상황에서 이런 법이 제정되었을까요? 자기가 당한 것의 몇 배를 갚는 상황입니다. 당시는 누가 해를 끼치면 달려가 바로 죽임으로써 복수하던 시대였던 것이죠. 그러니까 이 원칙은 "제발 공정하게 당한 만큼만 갚아라!"라는 의미인 것입니다. 『성경』에도 이런 내용들이 실제로 등장합니다. 그러니 이것을 잔인하다고만 생각할 것이 아닙니다.

게다가 동해보복은 지금까지도 모든 법의 근간이 되고 있습니다. 누가 다른 사람의 눈을 상하게 했다고 해서 지금도 똑같이 눈을 상하게 하지는 않지만, 피해자가 상처를 입은 만큼 처벌을 가하지요. 형기도 그런 내용을 참고하여 정합니다. 기본적으로 모든 법은 동해보복에서 시작되는데, 단지 그것을 얼마나 더 세련되게 풀어 가느냐의 차이가 있을 뿐입니다.

따라서 예수님도 이 원칙 자체에는 반대하지 않으시는 겁니다. 이 원칙은 존중하지만, 사람들이 당시에 이 율법을 가지고도 잔인하게 대응한 것에 반대하신 것입니다. 즉, 가해자에 대한 어떠한 인간적인 배려도 없이 "그래, 너 잘 걸렸어!" 하고 단순한 복수를 함으로 인해, 그 복수가 또 다른 복수를 낳는 악순환을 막자는 것입니다.

'동해보복의 원칙'도 결국은 '공정한 처벌'과 '정의의 구현'을 위해 나온 것 아닙니까? 더도 덜도 말고 그 사람이 저지른 만큼만 처벌하자는 것이니, '양심'으로부터 나온 것이죠. 그런데 이 원칙을 적용할 때에 양심을 적용하지 않으면 법이 다시 살벌해집니다. 그래서 '사랑'을 강조한 것입니다. 이런 처벌을 하더라도 그 안에는 죄인에 대한 사랑을 바탕에 두고 있어야 한다는 것이죠.

> 39. 그러나 나는 진실로 그대들에게 이르노니, 악인에게 대적하지 마라. 누군가 그대들의 오른뺨을 치거든 다른 뺨마저 돌려 대라.
> 40. 그리고 누군가 그대들을 재판에 걸어서 속옷을 가지고자 하거든 겉옷까지 내주어라.
> 41. 누군가 그대들에게 5리를 가자고 강요하거든, 함께 10리를 가 주어라.
> 42. 그대들에게 구하는 자에게 주고, 꾸고자 하는 자를 거절하지 마라.

갑자기 예수님이 우리에게 무리한 요구를 하고 계시지요? 이것을 어떻게 받아들여야 할까요? 여러분에게도 '양심'이 있으니 지금 한번 판단해 보십시오. 여러분의 양심은 이 말씀을 듣고 뭐라고 하나요? 좀 과하지 않나요? 피해자가 가해자한테 이렇게까지 해 줄 필요가 있을까요? 그렇다면 이 말이 왜 나왔을까요?

이 구절들은 너무나 사랑이 없기 때문에, 누가 무엇 하나라도 잘못하다가 걸리면 잡아서 돌로 때려 죽여 복수하고 처벌하던 사람들에게 예수님께서 하신 말씀입니다.『성경』에도 나오지요? "이 여자가 간음을 했습니다. 돌로 쳐 죽입시다!" 하고 사람들이 여자를 죽이려 하자, 예수님께서 "죄 없는 자가 돌을 던져라!" 하시니까 모두 사라졌지요.

이런 일화를 보아도, 그 당시에는 공정한 처벌인지를 잘 확인하지도 않고 사람을 함부로 죽였다는 사실을 알 수 있습니다. 그래서 예수님은 가해자를 인간적으로 사랑해 주지 않고 '율법'에 따라 처벌만 한다면, 그건 곧 악인에게 악인처럼 구는 것이 되고, 하느님의 처벌이 아니라는 말씀을 하신 것이죠.

하느님의 진노는 왜 공정할까요? 하느님은 어떤 자녀도 사랑하지 않음이 없기 때문입니다. 벌을 주더라도 사랑에 기반을 둔 공정한 처벌이라야 옳은데, "너, 잘 걸렸다!" 하는 식으로 잔인하게 하는 처벌에는 사랑이 깃들어 있지 않죠. 율법 자체가 틀린 것은 아니지만, 율법을 적용할 때 그 안에 '사랑'이 들어 있지 않으면 그것은 또 다른 사회문제를 일으키게 됩니다.

그래서 예수님은 "너에게 피해를 준 범인마저도 이 정도로 사랑할 수 있겠느냐?" 하고 우리가 감당하기 좀 어려운 조건들을 제안하신 거예요. "5리 가자는데 10리를 가줄 수 있겠느냐?" 이런 말들은 그렇게 사랑할 수 있는지를 물으신 것이죠.

언뜻 생각하면 이것이 불가능하다는 결론을 내리겠지만, 정말 불가능하다면 예수님이 왜 말씀하셨겠습니까? 그러면 어떻게 하면 가능할까요? '성령의 힘'으로는 가능해요. 여러분이 붙잡고 있는 에고를 내려놓고 성령과 하나가 되면, 그 가해자도 결국 나와 둘이 아니라는 것을 알게 되니까요. 그런 '사랑'에서 비로소 '공정한 처벌'이 나올 수 있다는 것이죠.

　그런데 이 이야기를 듣고 오해해서 '눈에는 눈, 이에는 이' 자체를 없애야 한다거나, 우리가 범인에게 더 잘 대해 주어야 한다고 주장하는 경우도 있습니다. 하지만 가해자가 나의 한 쪽 뺨을 때렸는데, 말 그대로 다른 쪽 뺨을 대 주는 것은 또 다른 문제를 낳습니다. 사회의 '정의'가 땅에 떨어져 버리는 것입니다. 정의를 잃어버린 사랑은 방종을 낳을 뿐이기 때문에, 정의를 잃게 되면 결국 '사랑' 또한 잃게 됩니다.

　만약 누군가가 가해자에게 일방적인 관용만을 베푼다면 그것은 그 가해자의 불의를 용인하는 꼴이 되기 때문에, 제2, 제3의 또 다른 피해자들을 양산하는 결과를 낳게 됩니다. "어! 이것들 봐라! 한 쪽 뺨을 때리니까 다른 쪽 뺨을 대네!" 하고 다른 데에 가서 때리고 또 때리고 …. 쉽게 용서하는 약자는 강자의 호구가 될 뿐입니다. 그래서 또 다른 선량한 피해자를 낳는 데에 일조하게 됩니다. 피해자의 고통을 모르는 가해자는 약자들을 계속 착취할 테니까요.

 우리가 피해자이면서도 "내 탓입니다. 사랑합니다!" 하고 가해자를 쉽게 용서하고 넘어가면, 그런 행동은 그 가해자가 다른 약자들을 또 괴롭히도록 조장하는 결과를 낳을 뿐입니다. 혹시 여러분이 이런 사회현상이 만들어지는 데에 일조하고 계시다면, 그것은 '사랑'과 '정의'가 땅바닥에 떨어지게 만드는 일이고, 이는 결코 예수님이 원하시는 바가 아닙니다.

 결국 예수님 말씀의 요지는, 상대방이 악하게 나온다고 해서 나도 똑같이 악하게 굴지 말고, 그 사람에 대한 진정한 '사랑의 마음'에 바탕을 두고 '하느님의 진노', 즉 공정한 '성령의 진노'를 가지고 그 사람을 바로잡아 주라는 것입니다. 그것이 진정으로 남을 사랑하는 길입니다. 그럴 때에야 비로소 율법이 온전하게 완성되는 것이죠.

 예수님을 전체적인 맥락에서 보시기 바랍니다. 예수님은 형식적으로는 율법을 정말 잘 지켰던 바리새인들에게 "이 독사의 자식들아!"라고 꾸짖으신 분입니다. 예수님이 사랑하기 때문에 화를 내시는 이런 면도 아셔야 해요.

 독실한 기독교인 중에는 악에 저항하지 않는 것이 예수님의 가르침이라고 주장하는 사람도 있습니다. 인간이라면 악에 저항하지 않을 수 없지만, 독실한 기독교인은 '성령의 힘'으로 악에 저항하지 않는다는 것이죠. 그런데 이것은 잘못된 말입니다. 예수님은 온몸을 던져서 악에 저항하셨는데 무언가 좀 이상하지 않습니까?

처벌의 목적은 단순한 복수나 범죄 예방에만 있는 것이 아닙니다. "처벌해서 복수해야지!" 하면 벌써 인간의 욕심이 자극됩니다. 또 범죄 예방만을 위해서 처벌한다면, 그것은 사람을 무슨 물건인 양 도구화하고 있는 것 아닌가요?

'처벌'이란 도대체 무엇입니까? 법학에서도 처벌의 목적이 복수냐, 예방이냐 말이 많습니다. 그런데 제가 제 양심에 비추어 생각하는 처벌은, 범죄에 상응하는 일종의 '동해보복의 원리'에 기반을 두고 있습니다. 그것이 공정한 처벌입니다. 단, 눈을 상하게 했으니 눈을 상하게 해 버리자는 게 아니라, 피해의 정도를 정확히 알아서 그에 상응하는 처벌을 해 줘야겠지요.

그런 공정한 처벌을 줌으로써 가해자의 마비된 양심을 회복시킬 수 있어야 합니다. "너도 한번 당해 봐라!"가 아니라, "너도 직접 겪으면서 상대방의 아픔을 한번 생각해 봐라!"가 되어야 하고요. 즉, 처벌의 목적은 '양심'을 회복시키는 것이어야 합니다. 양심이 바탕에 깔리지 않은 처벌은 제대로 된 효과를 낼 수 없습니다.

그런데 가해자로 인해 피해를 입은 당사자뿐만이 아니라, 사실은 우리 모두가 그 사건의 관계자입니다. 예를 들어 흉악한 살인 범죄의 이야기를 들은 사람은 누구나 마음이 '양심'으로 들끓게 되어 있습니다. 우리 안에 '성령'이 있기 때문에, 내가 직접 피해를 입지는 않았지만 우리 안에서도 분노가 일어나는 것이죠. 이런 분노를 진정시키기 위해서라도 처벌을 하는 것입니다. 가깝게는 피해자의 가족, 멀리는 그 소식을 접한 국민들의 양심까지 풀어 주기 위해서 처벌이 이루어져야 합니다.

이런 처벌이 이루어지게 되면 그 사회에 '정의'가 구현되고 사회 전체의 '양심'이 건강해집니다. 반대로 이런 처벌을 소홀히 하게 되면 어떤 일이 벌어질까요? 국민 전체의 양심이 썩게 됩니다. 죄를 저질러도 처벌을 받지 않는다는 말만 들어도, 우리의 양심은 사회에 대해 낙망하게 됩니다. '정의의 구현'이 요원한 것이라고 생각하면서 모두 포기하게 될 것입니다. 그리고 국민들이 이렇게 자포자기에 빠지면 범죄는 더 치성해질 것입니다.

요컨대 복수나 예방을 위해 처벌을 하는 것이 아니라, '공정한 정의'를 구현하기 위해 처벌을 해야 하는 것입니다. 그렇게 처벌이 공정하게 이루어지면 자연스럽게 범죄가 예방될 것입니다. 사회정의가 확실하게 구현되는 사회에서는 범죄를 저지르기가 어려울 테니까요.

이런 부분을 떼어 놓고 이 구절을 단순하게 풀면, "그래, 원수도 사랑하자!" 하면서 원수에게 더 잘 해 주는, 이상하고 기형적인 현상이 벌어지게 됩니다. 성령의 마음으로 원수를 사랑하는 것과, 자기 마음 좀 편해지자고 원수한테 잘 해 주는 것은 엄연히 다릅니다. 가해자에게 더 잘 해 줌으로써 내 마음의 위안을 얻겠다는 생각은 또 다른 욕심일 뿐입니다. 그리고 그 욕심이 사회 전체의 정의를 망가뜨릴 수 있는 것입니다.

대제사장이 예수님에게 그분의 제자들과 가르침에 대해 묻자, 예수님이 대답하시길 "나는 세상 사람들에게 드러내 놓고 이야기하였다. 나는 언제나 모든 유대인들이 모이는 회당과 성전에서 가르쳤고, 은밀히 이야기한 것은 하나도 없었다. 그런데 왜 나에게 묻느냐? 내가 무슨 말을 하였는지 들은 이들에게 물어보라. 내가 말한 것을 그들이 알고 있다."라고 하셨다.

이렇게 말씀하시자, 곁에 서 있던 성전 경비병 하나가 예수님의 뺨을 치며, "네가 대제사장께 그따위로 대답하느냐!"라고 하였다. 예수님께서 그에게 대답하시길 "내가 잘못 이야기하였다면, 그 잘못의 증거를 대거라. 그러나 옳게 이야기하였다면 왜 나를 치느냐?"라고 하셨다. (요한복음 18:19~23)

성전 경비병이 "네가 대제사장한테 그따위로 대답을 하느냐!" 라고 하면서 예수님의 뺨을 치자 예수님은 뭐라고 하셨습니까? 오른뺨을 대셨나요? "내가 이야기를 잘못했으면 증거를 대라. 그러나 옳게 이야기했는데 왜 나를 치느냐?" 하고 따지셨습니다. 이것을 보고 "예수님은 참 이상한 분이네 …." 하고 고민할 필요가 없습니다. 예수님은 항상 '양심의 명령'에 따라 움직이고 계실 뿐이니까요. 그래서 하느님의 '공정한 진노'를 표현할 때에는, 아주 독하게 이야기하기도 하고 따지기도 하시는 것이죠.

그런데 "악인이 한 쪽 뺨을 때리면 다른 쪽 뺨을 대 주겠습니다." 하면 그것은 '성령의 뜻'이 아니라 욕심이에요. 에고의 뜻이지 하느님의 뜻이 아닙니다. 예수님은 모든 인간을 보편적으로 사랑하라는 하느님의 뜻을 전하셨는데, 사랑하기 때문에 따끔한 말을 해야 할 때도 있고, 사랑하기 때문에 처벌을 해야 할 때도 있습니다. 그래서 예수님께서 "두 손 가지고 지옥에 가는 것보다 불구로 천국에 가는 게 낫다!"(마가복음 9:43)

라고 하신 것입니다.

 그것이 사회 전체를 건강하게 하니까요. 예수님이 왜 이 땅에 오셔서 그런 말씀을 하셨겠습니까? 사회 전체를 건강하게 다시 살리기 위해서죠. 사람을 살리려고 몸을 째서 수술을 하는 것처럼 말입니다. "나는 세상에 평화를 주러 온 것이 아니라 칼을 주러 왔다!"(마태복음 10:34)라는 말씀을 기억하십시오.

> 아무에게도 악을 악으로 갚지 말고, 모든 사람에게 선한 일을 도모하십시오. 그대들의 역량대로 모든 사람과 평화로이 지내십시오. 사랑하는 이들이여, 스스로 원수를 갚지 말고 하느님의 진노에 맡기십시오. 『성경』에서도 "복수는 내가 할 일이니 내가 갚으리라."라고 주님께서 말씀하십니다. 오히려 그대들의 원수가 굶주리거든 먹을 것을 주고, 목말라 하거든 마실 것을 주십시오. 그렇게 하는 것은 그대가 숯불을 그의 머리에 놓는 셈입니다. 악에 굴복하지 말고 '선'으로 악을 이기십시오. (로마서 12:17~21)

 악을 악으로 갚지 않으려면 어떻게 해야 할까요? 모든 사람에게 늘 선한 일을 도모하십시오. 아무리 악인이 악으로 덤비더라도 여러분은 '양심'으로 밀고 나가야 합니다. 양심에는 악에 대응할 힘이 있으니까요. 양심은 상대방을 사랑하기도 하고, 상대방을 심판하기도 할 수 있습니다. 다만, 오직 양심으로 할 때에만 공정하게 대할 수 있습니다. 악으로 갚지 말라는 것은 욕심으로, 사심으로 하지 말라는 의미이지, 악에게 무기력하게 당하라는 말이 아닙니다.

  그리고 역량대로 모든 사람들과 평화롭게 지내면서 선을 행하고 스스로 원수를 갚지 말라고 했는데, 이것은 이미 국법이 존재하고 나라에서 공정하게 처벌을 해 주니까 나라에 맡기라는 의미입니다. 이 말로 미루어 보아 당시에는 개인적인 복수를 많이 했다는 것을 알 수 있습니다.

  그런데 이 이야기를 듣고 "우리도 범인을 처벌하면 안 된다!" 하고 생각하는 사람도 있는데, 그건 오해입니다. 『성경』에서는 "복수는 내가 할 일이니 내가 갚으리라."라고 말하고 있습니다. 그러니 원수를 개인적으로 갚지 말고 하느님께 맡기십시오. 하느님의 진노에, 공정한 정의에 맡기십시오.

  사도 바울은 오히려 원수가 굶주리면 먹을 것을 주고, 목말라 하면 마실 것을 주는 것이, 숯불을 악인의 머리 위에 놓는 셈이라고 했습니다. 이것은 악인의 양심을 자극시키는 것이, 그 사람을 제대로 바로잡는 일이라는 뜻입니다. 양심을 계속 자극시켜서 상대방이 죄책감을 느끼게 만들고, 그럼으로써 스스로 마비된 양심을 풀도록 도와주는 것, 이것이 악에 굴복하지 않고 선으로 악을 이기는 방법인 것이죠.

 상대방의 양심을 회복시키지 못하는 '단순한 용서'는 상대방을 더 큰 죄인으로 만들 뿐입니다. 악에 악을 더해 주는 것이 되는 것이죠. 잘못을 저질렀는데 아무도 비난하거나 저지하지 않는다면 그 사람은 어떻게 할까요? 그 잘못을 또 하겠죠. 그러니 악을 선으로 대한다는 것은, 악을 저지른 사람이 양심을 회복할 수 있도록 내가 최선의 노력을 다한다는 뜻입니다.

 처벌이 필요하다면 이렇게 최선을 다한 후에 처벌해도 늦지 않겠죠? 단, 처벌은 국법이 하는 것이니까 개인적으로는 오직 성령의 뜻대로 그 사람을 대해야 할 것입니다. 한편으로는 사랑해 주고, 다른 한편으로는 자극을 통해 악인의 양심을 회복시키지 않는 한, 온전한 교화가 이루어지기는 어려울 테니까요.

> 관원들은 그대의 이익을 위하여 일하는 '하느님의 일꾼'입니다. 그러나 그대들이 악을 행할 경우에는 두려워하십시오. 그들이 공연히 칼을 차고 있는 것이 아닙니다. 그들은 악을 저지르는 자에게 '하느님의 진노'를 집행하는 하느님의 일꾼입니다. 그러므로 하느님의 진노 때문만이 아니라 '양심' 때문에도 복종해야 합니다. (로마서 13:4~5)

국가가 공정한 처벌을 해 주지 못하면 국민들은 '사적인 복수'를 꿈꾸게 되고, 사회 전체의 정의가 흔들리는 문제를 겪게 됩니다. 사람들이 사사로이 복수하는 이유는, 국법이 '하느님의 진노'를 온전하게 집행하고 있지 않기 때문입니다. 그러니 국가에는 국민들이 사사로운 복수를 꿈꾸지 않도록 공정하게 법을 집행할 책임이 있는 것이죠.

요컨대, 우리는 '사랑과 정의의 마음', 즉 '양심'으로 가해자를 대해야 하고, 나라는 양심에 합당한 공정한 처벌을 해 주어야 합니다. 이 두 가지가 모두 필요해요. 이 두 개의 그림이 모두 그려져야만 정의사회가 구현될 수 있는 것입니다.

여기에 인용된 『로마서』에서 바울은, 관원들이 악을 저지른 자에게 하느님의 진노를 집행하기 때문에, 하느님의 진노 때문만이 아니라 양심 때문에라도, 그들에게 복종해야 한다고 말하고 있습니다. 이처럼 '공정한 법의 집행'이 하느님의 진노를 표현하고 양심을 드러내는 것임을, 『성경』의 다른 구절에서도 확인할 수 있습니다.

> 하느님께서는 각자에게 그 행실대로 갚으십니다. 인내하고 선을 행하면서 영광과 존귀함과 불멸을 추구하는 이들에게는 '영원한 생명'을 주시고, 이기심에 사로잡혀 진리를 거스르고 불의를 따

르는 자들에게는 '진노와 격분'을 내리십니다. (로마서 2:6~8)

  우리가 성령의 사람이라면, 양심을 따르는 사람이라면, 불의를 보았을 때 바로잡을 수 있어야 합니다. 잘못된 것을 보면 하느님의 진노와 격분이 여러분의 온몸을 휘감을 텐데요. 그때 그 분노를 무시하지 말고, 사랑과 정의에 기반을 둔 올바른 처신을 함으로써 가해자를 바로잡을 수 있어야 합니다. 이런 것이 빠진 단순한 용서라는 것은 악을 더 부추기는 또 다른 악일 뿐입니다.

10

원수를
사랑하라

> 43. 그대들은 "네 이웃을 사랑하고, 네 원수를 미워하라."라고 들었을 것이다.
> 44. 그러나 나는 그대들에게 말한다. 그대들은 원수를 사랑하라. 그리고 그대들을 박해하는 자들을 위하여 기도하라.

"원수를 사랑하라!"라는 말도 이와 같은 맥락에서 이해해야 합니다. 원수를 미워하는 것이 잘못된 일은 아니지만, 원수를 미워할 때 그 사람 자체까지 미워해 버리면 '분노의 감정'만 남겠죠. 반면, '하느님의 마음'으로 미워한다는 것은 무엇일까요? 하느님의 마음에서는 모두가 한 자녀입니다. 그래서 악인마저도 잘 되라고, 양심을 회복하라고 미워하는 것입니다. 그런 마음으로 미워할 수 없다면 그 미움은 잘못된 것이기 때문에, 먼저 사랑하라고 하신 것입니다.

박해를 하는 자들을 위해 기도하라는 것은, 그들이 온전하게 '양심'을 회복할 수 있도록 기도하라는 의미입니다. 결국 우리 모두의 양심이 회복되어야 모든 문제가 해결됩니다. 내 마음에 들지 않는 사람이 있을 때, 그 사람을 "보기 싫다. 이 땅에서 사라져라!" 하고 저주한다고 해서 일이 끝나는 것이 아닙니다. 원수의 양심을 회복시킬 수 있는 방안을 찾도록 노력해 봐야죠. 단, 각자 자기 역량껏만 하면 됩니다. 우리는 전지전능한 신이 아니니까요. 자기 능력이 되는 수준에서 최선의 노력을 하면 되는 것입니다.

> 45. 그래야 그대들이 하늘에 계신 아버지의 자녀가 될 수 있다. 그분께서는 악한 이에게나 선한 이에게나 당신의 해가 떠오르게 하시고, 정의로운 이에게나 불의한 이에게나 비를 내려 주신다.
> 46. 만약 그대들이 자신을 사랑하는 이들만 사랑한다면 무슨 상을 받겠는가? 그것은 세리들도 하지 않는가?
> 47. 만약 그대들이 자신의 형제들에게만 인사한다면, 남보다 나은 것이 무엇이겠느냐? 그런 것은 다른 민족의 사람들도 하지 않느냐?

하느님이 모든 이를 똑같이 대우해 주신다는 것은, 하느님의 '사랑'의 측면입니다. 하지만 동시에 하느님은 정의로운 분노를 집행하시는 분이기도 합니다. 여기에서처럼 '사랑'에 대해 말씀하실 때에는 '정의'에 대한 설명이 생략되기도 하는데, 그렇다고 해서 정의를 무시해서는 안 될 것입니다.

자기를 좋아해 주는 사람이나 자신의 형제들을 사랑하는 것은 누구나 할 수 있는 쉬운 일입니다. 하지만 온전한 아버지의 자녀라면 원수도 사랑할 수 있어야 합니다. 그리고 사랑의 마음이 확고하다면 원수를 미워할 수도 있는 것입니다. 하느님은 사랑의 하느님이자, 정의의 하느님이시기도 하니까요.

우리가 흔히 "죄는 미워하되 사람은 미워하지 마라!"라고 말하는데, 이 말도 같은 취지입니다. 그 사람의 잘못된 행위는 미워하되, 그 사람 자체는 포기하지 말자는 것이죠. "원수를 미워하라!"라는 율법은 하느님의 뜻을 저버린 '비양심적 행위'에 공분하라는 '정의'의 측면을 강조하여, 자칫 '사랑'이 결여되는 폐단이 있어 왔습니다. 그래서 예수님은 "원수를 사랑하라!"라는 가르침을 통해, 죄인 자체를 혐오하고 저주하지는 말자는 '사랑'의 측면을 강조하신 것입니다. 양심으로 율법을 완성시키자는 것이죠.

> 48. 그러므로 하늘에 계신 그대들의 아버지께서 완전하신 것처럼, 완전한 사람이 되어야 한다.

　여러분은 '성령의 사람'이 되어야 합니다. 그러면 '올바른 정의'를 집행하고 '올바른 사랑'을 실행하게 됩니다. 그런데 이 말씀을 듣고 나서 "그래, 나도 한 번 하느님의 자녀가 되어 보자!" 하고는, 원수를 억지로 사랑하고 억지로 뭔가를 계속 베풀려고 한다면, 이것은 에고의 욕심이 하는 일이기 때문에 성령과는 어긋나게 되어 있습니다. 아마도 심사가 더 괴로워질 것입니다.

　용서를 한다고 했는데 더 괴로운 일이 생긴다면, 그것은 자신 안에서 성령이 화를 내고 있기 때문입니다. 성령에게는 악과 타협하지 말라는 명령도 있는 것이니까요. 즉, 하느님에게는 악인도 똑같은 자녀로 여기는 '사랑'도 있지만, 알곡만 남기고 쭉정이는 쳐내라는 '정의'도 있습니다. 이것이 하느님의 두 측면이에요.

　따라서 "죄를 짓지 말라!" "죄인도 사랑하라!" 이 2가지 가르침을 여러분의 마음 안에서 균형 있게 통합시켜서 보아야 합니다. 『성경』에서는 사랑에 대해 말할 때에는 '사랑'만 강조되고, 정의를 이야기할 때에는 '정의'만 강조되는데, 이 둘을 함께 봐야 하는 것이죠. 그렇지 않고 어느 한 쪽만 읽고는 "무조건 사랑해야 해!" 해도 안 되고, "악인은 바로바로 제거하자!" 하는 것도 좀 이상하지요. 그 2가지가 하나가 되어야 비로소 온전해집니다.

> 크거나 작거나 많거나 적거나,
> 원한은 '덕德'으로 갚아야 한다.
> 大小多少 報怨以德 (노자)

『노자』를 읽어 보신 분은 아시겠지만, 노자가 말하는 '덕德'도 무조건 잘해 주는 것이 아닙니다. '덕德'은 한자로 행할 행(行) 자에 곧을 직(直)자, 그리고 마음 심(心)자입니다. 따라서 '곧은 마음', 즉 '양심'을 행동으로 실천하는 것이 덕이에요.

양심이란 무엇입니까? '사랑과 정의'입니다. 남을 나처럼 사랑하고, 남이 잘못되었을 때에는 바로잡아 주는 정의를 매일매일 실천하는 것이 양심입니다. "원한은 덕으로 갚아라!"라는 말을 오해해서 "원수한테 무조건 잘해 주라는 말인가?" 하고 원수한테 더 잘해 주다 보면, "이건 아닌데 …." 하는 찜찜한 마음이 내면에서 올라올 것입니다.

누군가가 『노자』의 이 구절에 대해 공자에게 물었습니다. "원한은 덕으로 갚으라던데, 맞나요?" 덕으로 갚으라는 말이 원수에게 더 잘해 주어야 한다는 의미인지를 물은 것이죠. 그러자 공자는 "아니다. 원한은 '올곧음'(直)으로 갚아라!" 하고 답했습니다. 원한은 양심으로 갚으라는 의미입니다.

사실 공자도 노자와 같은 이야기를 한 것인데요. '올곧음'은 양심 그대로 갚으라는 이야기입니다. 따라서 잘못을 했으면 사심이 아닌 양심에 따라 처리하기만 하면 됩니다. 한편으로는 '사랑'으로 잘못한 사람의 인간적인 아픔을 이해해 주면서, 다른 한편으로는 '정의'로 공정한 처벌을 해 주는 것이 양심적인 것이죠. 정의가 없고 사랑만 있으면 방종하게 되고, 정의만 있고 사랑이 없으면 살벌해지니까요. 따라서 사랑과 정의의 균형을 잡으면서 양심대로 일을 처리한다는 것은 매우 중요하고, 또 놀라운 일입니다.

그리고 잊지 말아야 할 것은, 그 답이 우리의 '양심' 안에 이미 갖추어져 있다는 사실입니다. 우리는 자신도 모르게 불쌍한 사람을 보면 한없이 사랑하게 되고, 잘못된 것을 보면 한없이 분노하게 됩니다. 전 세계적으로 부당한 일을 보고 시위를 하는 사람들의 마음을 학자들이 조사해 보았더니, 돈이나 이익 때문에 시위를 하는 것이 아니라 '정의로운 분노' 때문에 하는 것이라는 조사 결과가 있습니다.

　자신이 손해를 보더라도 '정의'가 구현되는 것을 보고 싶다는 '공분의 마음'으로 국민들이 시위를 하더라는 것이죠. 결국 사람들은 무엇 때문에 고생해 가면서 시위를 한 것인가요? '양심' 때문에 한 것이죠. 정의가 구현되는 것이 보고 싶어서입니다. 욕심 때문에 했다면 돈에 흔들려야 하는데, 돈이 문제가 아니라는 것이죠. 요즘 국내를 비롯해서 전 세계적으로 시위가 끊이지 않는데, 근본적으로는 사회가 올바로 돌아가는 것을 보고 싶어서 일어나는 일입니다.

　예수님도 당시의 부조리에 저항해서 일종의 시위를 하신 것이고 또 그것을 부추기신 것입니다. 그러니 "나는 세상에 평화를 주러 온 것이 아니라 칼을 주러 왔다!"(마태복음 10:34)라고 하신 것이죠. 하느님의 명령, 양심의 명령 때문에 박해를 무릅쓰고 시위하는 사람들에게 꼼수로 대처해서는 곤란합니다. 인간에 대한 '사랑과 정의'를 보여 주지 않는 한, 한번 들끓은 국민들의 마음은 쉽게 가라앉지 않을 것입니다. 양심을 알고 정치를 해야 하는 이유가 바로 이것입니다.

11

참다운 자선

> 1. 사람들에게 보이려고 그들 앞에서 '정의'를 행하지 않도록 주의하라! 그대들이 그렇게 한다면, 그대들은 하늘에 계신 그대들의 아버지로부터 보상을 받지 못할 것이다. (6:1)

'양심'(성령)이 아닌 욕심으로 하는 정의는 위선입니다! 사람들에게 잘 보이기 위해 하는 정의는 가짜 정의이지요. 이것은 욕심에 충만한 정의, 소인배의 정의입니다. "하느님이 뭔가 영적인 포인트를 주시지 않을까?" 이런 마음으로 하는 정의는 이미 욕심에서 시작된 것이니, 반쪽짜리이거나 위선이에요. 예수님은 단호하게, 그렇게 한다면 하늘에 계신 아버지로부터 보상을 받지 못할 것이라고 꾸짖고 계십니다.

> 2. 그러므로 그대들이 '자선'을 베풀 때에는, 위선자들이 사람들에게 칭찬을 받으려고 회당과 거리에서 하듯이, 스스로 나팔을 불지 마라! 내가 그대들에게 진실을 말하노니, 그들은 이미 충분히 보상을 받았다.

요즘은 자선을 하게 되면, 마치 자랑하려고 자선을 하는 것처럼 인증샷부터 찍고 SNS에 올리죠. 그런데 아버지에게 잘 보이고 싶어서든 아니면 세상 사람들에게 잘 보이고 싶어서든, 이기적인 '욕심'으로 하는 자선은 가짜입니다. 그러니 진정한 자선을 베풀고 싶다면, 위선자들이 칭찬을 받고 싶어서 회당이나 거리에서 스스로 나팔을 부는 것처럼 자랑하고 다니지 말라는 것입니다.

그들이 이미 충분히 보상을 받았다는 것은, 사람들로부터 칭찬을 받았으면 이미 일이 끝났고, 아버지에게는 더 이상 기대할 것이 없다는 의미입니다. 남들로부터 인기를 좀 얻고 싶어서 자선을 했다면, 인기를 얻었으면 된 것이지 아버지가 더 해 줄 것은 없겠죠. 그러니 여러분도 선한 일을 많이 하시되, 대가를 기대하거나 받아 내려고 해서는 안 됩니다. 여러분이 받지 않아야 아버지가 그 빈자리를 채워 줄 수 있으니까요.

제가 예전에 들은 얘기를 해 드리겠습니다. 어떤 분이 독립운동에 헌신을 하셨는데, 그렇게 독립운동을 한 것에 대해 나라로부터 포상을 전혀 받지 못했어요. 그래서 그분의 자녀들이 어떻게든 나라에 알려서 포상을 받으려고 하니까 막으시면서, "하지 마라! 이것은 내가 하늘나라에 갈 때 쓸 것이다."라고 말씀하셨다고 합니다. 나라에서 상을 받아 버리면, 하늘나라에 쌓이는 영적인 포인트는 덜 받을 테니까요.

기독교인이 아니더라도 예전 어른들은 이런 믿음을 갖고 있었어요. 대가를 받고 하는 일은 '덕德'이 덜 된다고 생각한 것이죠. 만약 내가 남을 고쳐 주었는데 돈을 충분히 받았다면, 그건 생계를 위해 한 일이 되고 이미 보상을 받아 버린 것이 되죠. 그래서 일부러 무료 치료를 한참 해 주는 분도 계셨습니다. 왜냐하면 살아서 대가를 받지 않아야 그 대가를 하늘이 줄 테니까요. 이런 분들은 '영적 재테크'의 비법을 알고 있었던 것이죠.

이렇게 '영적 재테크'에 밝은 사람이 사실 '영성'이 높은 것입니다. 물질에만 밝은 사람은 이 말이 전혀 이해되지 않을 것입니다. "바보 아냐? 그 사람은 먹고 살만한가 보네." 하고 생각한다면 참으로 소견이 짧고 영성이 낮다고 할 수 있습니다. 영성이 높은 사람은 훨씬 멀리 보고 움직이고 있는 것입니다.

양심적으로 살라는 것이 '하느님의 명령'이라면, 우리가 양심으로 살았을 때 대가가 없을 리 없겠죠? 꼭 대가를 기대하고 한 행동은 아니겠지만, 영성이 높은 사람은 대가가 반드시 있다는 사실을 알고 있어요. 그리고 살아서 대가를 받았다고 해서 자신이 지은 덕이 사라지지는 않겠지만, 인간적인 대가를 거부하는 이런 발상이 재미있죠. 예수님의 말씀도 이런 식으로 이해해 보십시오.

> 3. 그대들이 자선을 베풀 때에는 오른손이 하는 일을 왼손이 모르게 하라!
> 4. 그렇게 하여 그대들의 자선을 숨겨 두어라. 그러면 은밀한 것도 보시는 그대들의 아버지께서 그대들에게 갚아 주실 것이다.

오른손이 한 일을 어떻게 왼손이 모르게 할 수 있을까요? 이것은 자선을 베풀 때 '이기적 욕심'으로 하지 말고, '양심'으로 하라는 의미입니다. 남을 나처럼 여기고 사랑하는 '양심의 명령'에 따라 자선을 베푸는 것이 '참다운 자선'입니다.

양심으로 베푸는 자선이라야, 오른손이 하는 것을 왼손이 모르게 하는 나눔이 됩니다. 욕심으로 한 것이 아니라 양심대로 한 것이니까요. 그렇다면 욕심으로 하면 어떻게 될까요? "할까? 말까? 주위 사람들의 눈치를 보니 안 하기도 이상하고…." 이런 식으로 계산을 한참 해 보고 나서 자선을 한다면, 그것은 오른손이 한 것을 왼손이 너무 잘 알고 있는 자선입니다. 이런 분들은 자선을 하고 난 뒤에도 어떨까요? 자기가 자선을 했다는 사실을 자랑하고 또 자랑하겠지요.

반면 진심으로 자선을 하면 어떻습니까? 좋은 일을 하고는 이름도 밝히지 않고 사라지는 분들이 많아요. 여러분도 그렇게 하라는 것입니다. 이렇게 대가를 구하지 않고 자랑하지 않는 자선을, 불교에서는 '무상보시無相布施'라고 합니다. 이것은 '형상이 없는 보시'라는 말입니다. 형상이란 마음의 집착이 되는 대상을 말하니, 형상이 없는 보시라는 것은 '집착이 없는 보시'입니다.

> 수보리여, 보살은 응당 이와 같이 '형상'(相)에 집착함이 없이 보시를 해야 한다. 왜 그런가? 만약 보살이 '형상'에 집착함이 없이 보시를 행하면, 그 '복덕'이 헤아릴 수 없기 때문이다.
> 須菩提 菩薩 應如是布施 不住於相 何以故 若菩薩 不住相布施 其福德 不可思量 (금강경)

'형상'이 없다는 것은, 특히 다음의 3가지가 없다는 뜻입니다. 이 3가지의 형상이 없는 보시가 진정한 보시입니다. ① '보시한 자'라는 형상이 없고, ② '보시 받은 자'라는 형상이 없고, ③ '보시의 행위'라는 형상이 없어야 합니다. 여기에 하나를 덧붙이자면, 그 보시로 인한 결과물을 누리거나 향유하려는 마음도 없어야 합니다. 그래야 제대로 된 '무상보시'입니다.

예를 들어 곤경에 처한 상대방을 도와주고도, ① "내가 도와줬다." 하는 집착이 없고, ② "저 사람이 나에게 빚을 졌다."라는 집착이 없고, ③ "이런 도움을 줬다."라는 행위에 대한 집착이 없어야 합니다. 마지막으로 "내가 좋은 일을 했으니까 복을 많이 받을 거야." 하고, 하느님으로부터 뭔가 대가를 기대하는 마음도 없어야 합니다. 이것이 온전한 무상보시입니다.

이것을 다시 기독교의 방식으로 이야기해 볼까요? 만약 누군가가 이런 '참다운 자선'에 대해, "사람이 어떻게 그렇게 해요?" 하고 묻는다면 뭐라고 답할 수 있을까요? 인간의 에고로는 못 하겠지만 성령의 힘으로는 가능하다고 하겠죠.

아주 맑고, 밝고, 충만한 마음인 '성령'은 참다운 자선을 가능하게 해 줍니다. 한없이 베풀게 되고, 베푼 후에 뒤끝도 없어요. 베푼 그 자체로 이미 행복하고 결핍감이 없기 때문이죠. 아버지가 나에게 하라고 하시는 대로 했을 뿐이기 때문에, 에고가 뭘 잘했다고 자랑하려는 마음이 없습니다.

자선을 베풀고도 자기가 잘했다고 하지 않는 것을 불교에서는 '회향廻向'이라고 합니다. 자신이 쌓은 공덕을 중생이나 부처님께 돌리는 것이죠. "부처님이 시킨 것이에요." "내 안의 양심이 시킨 것이에요." "성령의 인도를 따른 것이에요." "내 에고는 거들기만 했을 뿐, 내가 한 일은 없습니다." 하고 모두 내려놓는 것을 말합니다.

그런데 하늘은 오히려 이런 분들에게 더 큰 '영적 포인트'를 줍니다. 그래서 우리가 "무상보시를 하면 무량공덕을 짓는다."라는 말을 하는 것이죠. 무상보시를 하면 내 안에서 성령의 권능이 더 드러나고, 내가 한 행위의 공덕이 더 불어나기 때문입니다. 작은 선행을 좀 짓고는 대가를 빨리 받기를 바라거나 칭찬을 받으려고 선행을 하는 것은, 어렵게 조금 쌓은 포인트를 그 자리에서 다 써 버리는 것과 같습니다.

"자선을 숨겨 두어라!"라는 말은 자기의 선행을 자꾸 자랑하지 말고, 모두 성령의 공덕으로 돌리고 성령의 힘이 자신을 통해 드러난 것에 만족하라는 것입니다. 그러면 은밀한 것도 다 아시는 아버지께서 몇 배로 더 갚아 주시리라는 것입니다. 자신이 쌓은 포인트를 바로 쓰지 않고 하느님께 공을 돌리면, 오히려 그 공덕이 몇 배로 불고, 그로 인해서 자신의 영성이 더 밝아지게 됩니다. 이런 영적 재테크의 비결을 꼭 알아두십시오.

12

참다운
기도

> 5. 또한 그대들은 '기도'를 할 때, 위선자들처럼 하지 마라! 그들은 사람들에게 보이려고 회당이나 거리 어귀에 서서 기도하기를 좋아한다. 내가 그대들에게 진실을 말하노니, 그들은 이미 충분히 보상을 받았다.

위선자들은 기도를 할 때 어떻게 할까요? '기도'는 본래 하느님 아버지와 영적인 교감을 나누기 위해 하는 것인데, 위선자들은 남들에게 잘 보이기 위한 기도를 합니다. 그래서 사람들 앞에서 멋진 미사여구들을 자랑하려고 합니다. 그건 아버지께 올리는 기도가 아니라 사람들에게 보여 주기 위해 하는 행동이기 때문에, "저 사람 정말 기도 잘한다." 하는 칭찬을 들음으로써 사실상 보상이 끝나게 되지요.

> 6. 그러니 그대들은 기도할 때, 방으로 가서 문을 닫고 보이지 않는 그대들의 아버지께 기도하라! 그러면 은밀한 것도 보시는 아버지께서 그대들에게 보상해 주실 것이다.
> 7. 그리고 그대들이 기도할 때, 이방인들처럼 중언부언하지 마라. 그들은 말이 많아야 아버지께 들릴 것이라고 생각한다.
> 8. 그들처럼 기도하지 마라. 그대들의 아버지께서는 그대들에게 필요한 것을 그분께 요청하기 전에 아시느니라.

보이지 않는 아버지와 만나기 위한 기도를 한다면, 굳이 사람들에게 자기가 기도하는 모습을 보여 줄 필요가 없을 것입니다. 아버지는 은밀한 것도 다 보시고서 보상해 주실 것이니까요. 중언부언, 구구절절 기도할 필요가 없습니다. 우리가 요청하기도 전에 아버지께서는 이미 알고 계시니까요.

사실은 "아버지!" 한 마디면 충분합니다. 나의 모든 것을 내려놓고 아버지께 다 맡기면 됩니다. "내가 누구인지 모르겠다." 하고 아버지께 모든 것을 맡기고 쉬는 그 기도가 진실로 아버지와 하나가 되는 방법입니다. "아버지!" 하고 나면 더 이상 할 말이 없어야 합니다. 아버지께서 무슨 말씀을 하시는지는 듣지도 않으면서 "아버지! 저는 뭐가 필요하고, 또 뭐가 필요하고 …." 이런 식으로 자기 이야기만 계속 하는 것은 '에고의 기도'일 뿐입니다.

에고가 하는 기도를 들어 보면 늘 뭔가가 부족하고, 마음이 괴롭다는 이야기뿐입니다. 마음이 불안하니까 내가 더 잘 되게 해 주고, 우리 집이 더 잘 되게 해 주고, 문제를 해결해 달라고 애원하게 되죠. 우리의 에고는 힘이 드니까 이런 말을 할 수 있어요. 아버지께 그런 말을 왜 못 하겠습니까? 하지만 자꾸 그것에만 집착하면 우리의 영성이 높아지지 않습니다. 좀 더 깊은 기도를 해야지요.

앞서 언급한 바와 같이, 이런 기도는 이미 충분히 보상을 받은 것입니다. 설사 이런 기도를 통해서 원하던 무언가가 이루어졌다고 하더라도, 아버지와 친밀한 교감이 이루어진 것은 아닙니다. 그렇게 해서는 아버지가 정말로 무엇을 원하시는지를 끝내 알 수 없는 것이지요. 아버지는 단지 내가 원하는 것을 이루어 주시는 분일뿐이라고 여기고, 아버지의 본뜻을 이해하려 하지 않으니까요. 더 수준 높은 기도는 예수님처럼 하는 것입니다. "아버지 뜻대로 하소서!" 하고 맡기는 기도 말입니다.

> 9. 그러므로 그대들은 이렇게 기도하라!
> "하늘에 계신 우리 아버지! 그 이름 거룩하십니다.
> 10. 당신의 '왕국'이 임하게 하시고, 당신의 '뜻'이 '하늘'에서 이루어졌듯이 '땅'에서도 이루어지게 하소서.

예수님은 우리에게 '참다운 기도'를 제시해 주시는데요, 바로 '주기도문'입니다. 기도를 할 때는 이렇게 하라는 정식을 보여 주신 것이죠. 우리가 기도를 하면서 "아버지!" 할 때 아버지의 영원한 현존이 우리 내면에서 빛나고 있어야 합니다. 지금 이 순간, 천국은 우리에게 이미 임한 것입니다. 또한 장차 온전히 드러나야 하는 것이고요.

"아버지!" 할 때 아버지의 왕국이 이미 임했음을 자각할 수 있다면, 이 기도는 아버지와 하나가 되는 기도가 됩니다. 아버지 안에 내가 있고 내 안에 아버지가 있는 기도 말이죠. 이미 여기에서 '관상觀想'•의 단계에 들어가게 됩니다. "아버지!" 하는 순간 아버지의 영원한 현존이 우리 안에 드러나게 된다면, 우리를 통해 이 땅에서 '아버지의 이름'이 거룩해지게 됩니다. 아버지의 영광이 드러나게 되는 것이죠.

"아버지!" "아버지!"를 계속 할 때에는 아직 '묵상默想'의 단계예요. 묵상은 한 가지 생각에만 몰입하는 것입니다. 아버지를 만나기 위해 "아버지!" "아버지!" 하고 반복하다가 아버지를 만나게 되면 "아 ~~" 하고 그 다음 말이 뚝 끊어지게 됩니다. 이제 관상의 단계로 들어가는 것이죠.

"아버지!" 하고 곧장 하느님과 하나가 되어야 합니다. 그 다음 말은 사실 굳이 하지 않아도 됩니다. 우리가 이렇게 아버지와 만나면 어떤 일이 일어날까요? 이 세상이 주는 평안이 아니라, 아버지가 주는 '평안'으로 들어가 버립니다. 하느님 아버지 안에 우리가 있고, 우리 안에 아버지가 있는 그런 경지 말입니다.

아버지는 온전하신 분입니다. 아버지의 마음은 '사랑과 정의'로 가득하죠. '아버지!'와 하나가 되기만 하면, 나와 남을 둘로 보지 않기에 남에게 해코지하려는 마음이 생기지 않습니다. 그런데 '하늘'에서와 달리 '땅'에서는 그것이 이루어지지 않고 있어요. 여기에서 땅이 상징하는 것은, '에고'가 관리하는 우리의 '몸과 마음'입니다. 아직 우리의 몸과 마음에서는 아

- '관상'은 어떠한 언어나 심상의 매개 없이 곧장 하느님과 하나가 되어 소통하는 기도입니다.

버지의 뜻이 이루어지지 않고 있지요. 그래서 우리는 늘 두렵고, 불안하고, 괴롭습니다.

우리가 관리하는 '영토'(땅)는 '생각·감정·육체'로 이루어져 있습니다. 이것이 바로 예수님께서 말씀하신 '땅'입니다. 아버지의 뜻은 우리 인간의 '몸과 마음'에서 어떻게 이루어질 수 있을까요? 사실 우리가 살고 있는 '자연의 땅'에는 이미 아버지의 뜻이 이루어져 있어요. 천지만물이 아버지의 뜻대로 굴러가고 있으니까요. 오직 인간이 문제입니다. 지금 인류와 동식물, 그리고 지구의 생존을 위협하는 존재가 누구입니까?

따라서 여기에서 말하는, 아버지의 뜻이 이루어지지 않은 '땅'은 인간의 '몸과 마음'을 말합니다. 우리가 사는 세상은 인간들의 '욕심' 때문에 엉망이 되고 있어요. 사람들이 양심을 따르지 않고 불의가 횡행합니다. 우리의 몸과 마음이 바로 아버지의 뜻이 온전히 펼쳐져야 할 '땅'입니다.

여러분의 생각은 아버지의 뜻에 맞나요? 여러분의 감정은 아버지의 뜻에 맞나요? 여러분의 육신은 아버지의 뜻에 합당하게 쓰이고 있나요? 한번 스스로에게 물어보시기 바랍니다. 우리는 우리에게 이미 임한 '하느님의 왕국'을, 생각·감정·육체로 더욱 온전히 드러내길 끊임없이 간구해야 합니다.

> 11. 오늘 우리에게 일용할 양식을 주시고,
> 12. 우리가 우리에게 죄를 지은 사람을 용서한 것처럼 우리의 죄를 용서해 주소서.

① 먼저 '육체'를 '활력'으로 충만하게 하는 기도를 올리십니다. 아버지께서는 우리의 몸을 살릴 '힘'을 주십니다. 우리의 육체는 양식을 통해 더욱 강한 활력을 갖게 됩니다. 그런데 여기에서는 단순히 육체의 문제만을 다루고 있는 것이 아닙니다. 일용할 양식은 '육체적인 에너지'뿐만 아니라 '영적인 양식', 즉 '영적인 에너지'까지 포함하는 것입니다. 이 땅에서 몸과 마음을 굴리고 살아갈 힘을 아버지께서 주셨으니, 우리는 몸과 마음을 늘 활기차게 하고 살아야 합니다. 이것이 하늘의 뜻이 땅에서 이루어지는 과정입니다.

② 다음은 '감정'을 '사랑'으로 충만하게 하는 기도를 올리십니다. 예수님은 기도를 드리기 전에 먼저 화해하고 풀라고 하셨습니다. 나에게 섭섭하게 한 사람이 있다면 마음을 풀고 용서한 뒤에 기도해야 합니다. 이것은 여러분의 '감정'을 늘 이렇게 관리하라는 의미입니다. 여러분에게 죄를 지은 사람에게 풀 것은 풀고 용서해 주세요. 그래야 하느님도 여러분이 지은

죄를 용서해 주십니다. 그렇다고 해서 마음에도 없는 가식적인 용서를 해서는 안 됩니다. 진심으로 상대방과 화해하는 자명한 용서를 하십시오.

> 13. 우리를 '유혹'에 빠지지 않게 하시고, 오직 '악'에서 구원해 주소서."

③ 마지막으로 '생각'을 '지혜'로 충만하게 하는 기도를 올리십니다. 생각은 절대로 악에 휩쓸리도록 방치하면 안 됩니다. 그 생각이 "양심적인 것인가?" "아버지의 뜻인가?" "내 에고의 뜻인가?"를 늘 엄격하게 분별해 가면서 '양심의 뜻'에 맞는 것을 선택해야 합니다. 이것이 우리가 악으로부터 구원받는 길입니다. 생각에서부터 악의 유혹에 빠지지 않아야 하는 것입니다.

오직 악에서 구원해 달라는 것은, 우리의 '생각 · 감정 · 육체'가 '아버지의 뜻'(양심의 뜻) 그대로 쓰이는 '신의 성전'이 되게 해 달라는 의미입니다. 이렇게 되면 무슨 일이 벌어질까요? 지상에 '천국'이 만들어지게 됩니다. 여러분의 몸과 마음에서 먼저 천국을 만들 수 없다면, 남의 것은 신경 쓸 필요가 없습니다. 나도 내 말을 안 듣는데 남에게 말해 봐야 의미가 없겠죠?

우리부터 우리의 '생각 · 감정 · 육체', 즉 우리가 관리하는 영토에서 '천국'을 이루면, 여러분이 '빛'이 되어 다른 사람들에게도 큰 영향을 줄 수가 있습니다. 그때야 비로소 '지상천국'이 가능해지는 것이죠. 우리 안에서 '성령'이 내리는 명령이, 우리의 몸과 마음을 통해서 전혀 표현되지 않고 있는데, 남을 아무리 바로잡으려고 한들 불가능한 것입니다. 우리가 스스로를 바로잡을 수 있을 때 남도 온전히 도울 수 있는 것이죠.

그러니 남을 신경 쓸 게 아니라, 먼저 우리 스스로를 관리해야 합니다. 선거가 어쩌네, 정치판이 어쩌네, 사회가 개판이네 하는 소리에 너무 마음 쓸 필요가 없습니다. 여러분이 바로잡히면 사회도 차차 바로잡힐 것입니다. 윗사람을 마구 욕하던 사람이 막상 윗사람이 되면 어떤가요? 그 윗사람과 똑같아집니다. 그런 모습이 보기 싫다면 우리 자신부터 바로잡아야 합니다.

우리는 사회 속에서 힘든 일을 많이 겪습니다. 그런데 그 고리를 끊으려면 누군가가 양심적이어야 합니다. 예전에는 군대에서 구타가 끊이지 않았습니다. 만약 병장한테 늘 맞고 버티다가 자기가 병장이 되었는데, 나만 양심상 못 때린다고 생각하면 어떨까요? 억울하겠죠. 하지만 그렇다고 해서 또 때리면 그 악의 고리가 끊어지지 않습니다. 그러니 나부터 그냥 끊어야 해요. 남은 신경 쓰지 말고 나부터 '양심'대로 살아야 하는 것이죠. 우리 안의 '성령'은 그것을 가능하게 합니다.

> 14. 만약 그대들이 다른 이들의 허물을 용서한다면, 하늘에 계신 아버지도 그대들을 용서하실 것이다.
> 15. 그러나 그대들이 다른 사람의 허물을 용서하지 않는다면, 아버지께서도 그대들의 허물을 용서하지 않으실 것이다.

하느님의 왕국은 본래 '지혜'와 '사랑'과 '권능'이 충만합니다. 하느님은 ① 생각에는 '지혜'를, ② 감정에는 '사랑'을, ③ 육체에는 '권능'을 주시는 분인데, 이분의 뜻이 왜 드러나지 않는 것일까요? 이 '주기도문'은 아버지에게 그것을 구하기 위한 것입니다. 여러분이 "아버지!" 할 때 이미 일은 끝납니다. 아버지에게 모든 것을 맡기는 순간, 우리의 생각은 지혜로워지고, 감정은 자비로워지고, 육체는 활력이 넘치게 되기 때문입니다.

지상에서 천국이 실현되는 원리가 이렇습니다. 우리의 '생각·감정·육체'는 악에 휘둘리며, 이 세상 또한 그렇습니다. '하느님의 왕국'에서는 이미 완벽한 일이, 이 땅에 내려오면 불완전해지지요. 진정한 하느님의 자녀와 사도는 자신의 온몸에서 하느님의 왕국을 이루고, 나아가 온 세상에 '사랑과 정의'를 구현하여 '악'을 물리칠 수 있는 존재입니다.

여러분 한 분, 한 분이 '사도使徒'가 되어야 합니다. 사도를 불교식으로는 '보살'이라고 하고, 유교에서는 '군자'라고 하죠. 그렇다면 사도는 어떤 존재일까요? '하느님의 대리인'입니다. 즉, 성령·양심이 명령하는 '사랑과 정의'를 자신의 온몸으로 구현하는 사람이 '하느님의 사도'인 것입니다.

교회를 다닌다고 해서 또는 십일조를 많이 냈다고 해서 하느님의 사도가 될 수 있을까요? 인간끼리 뭔가를 거래한다고 해서 사정이 달라질까요? 하느님의 인가를 받아야지요. 하느님이 인간에게 바라는 것은 양심대로 살라는 그것 하나인데, 인간끼리 '우리 교회' '네 교회'를 구분하는 것은 아무런 의미가 없습니다.

하느님이 허락하시는데 우리가 "된다, 안 된다." 하고 논할 수 있을까요? 우리가 '이단'이라는 말을 많이 쓰는데, 그 말은 누가 하는 것인가요? 이단을 주장하는 그 말은 '성령'에서 나온 것일까요, 아니면 인간의 '욕심'에서 나온 것일까요? 사람들이 말하는 이단이 자기편이 아닌 사람을 말한다면, 성령에서 나온 이단이라는 말은 '양심'을 지키지 않는 사람을 뜻합니다. 그러니 남을 지적하기 전에 자신부터 양심에 당당하게 살아가는 것이 중요합니다.

13

참다운
금식

> 16. 그대들이 '금식'할 때는, 위선자들처럼 침통한 얼굴을 하지 마라! 그들은 그들이 금식한다는 것을 사람들에게 보이려고 그런 어두운 얼굴을 하는 것이다. 내가 그대들에게 진실을 말하노니, 그들은 이미 충분히 보상을 받았다.

'참다운 금식'도 마찬가지입니다. '금식'은 음식을 먹지 않고 절제하는 것인데, 사람들이 그것을 밖으로 자랑합니다. 수척한 얼굴로 사람들 앞에서 "나 금식한다!" 하고 드러내는 그 마음은 욕심일 뿐입니다. 욕심으로 하는 금식은 참다운 금식이 아닙니다! 우리 내면에서 '성령'(양심)이 훤히 드러날 때, 비로소 우리는 참된 금식을 할 수 있습니다.

"그대들이 금식할 때는 위선자들처럼 침통한 얼굴을 하지 마라!" 얼마나 그 꼴이 보기 싫었으면 예수님이 이런 말씀을 하셨을까요? 금식한다는 것을 남에게 보이려고 어두운 얼굴을 하는 사람들은, "아휴! 저분 금식하느라 정말 고생하시네!" 하고 남들의 인정을 받은 것으로 이미 대가를 받은 것입니다. 욕심으로 하는 금식은 참다운 금식이 아니라는 의미죠.

> 17. 금식할 때는 얼굴을 씻고 머리에 기름을 발라라.
> 18. 그리하여 그대들이 금식하는 것을 남에게 드러내지 말고, 오직 그대들의 아버지에게만 보여라! 은밀한 것도 보시는 그대들의 아버지께서 그대들에게 보상해 주실 것이다.

  얼굴을 씻고 머리에 기름을 바르라는 것은 금식한 표시가 나지 않게 하고 다니라는 의미입니다. 이런 행동은 인간의 힘으로는 나오기 어렵고, '성령'(양심)이라야 가능합니다. 인간의 마음으로는 금식하느라 힘든 것을 위로받고 싶고, 그냥 넘기려면 억울한 마음이 드는 게 당연하겠죠? 이런 인간적인 것을 무조건 부정할 필요는 없습니다.

  하지만 인간적으로, 억지로 하려고 하면 탈이 나기 마련입니다. 그러니 '성령의 힘'이 필요한 것이죠. 인간적인 욕심을 부정하지 마시고, 자신이 욕심보다 '양심'을 더 따르는지만 체크하십시오. 남들이 모르는 속마음에서도 항상 양심이 승리해야 합니다. 그리고 이렇게 욕심보다 양심을 충실히 따른 일은, 사람들은 몰라줄지언정 은밀한 것도 보시는 하느님께서 명확히 알아보시고 보상해 주실 것입니다.

14

보물을
하늘에 쌓아라

> 19. 그대들은 자신을 위해 보물을 땅에 쌓아 두지 마라. 땅에서는 좀과 녹이 망가뜨리며 도둑들이 뚫고 들어와 훔쳐 간다.
> 20. 그러므로 그대들의 보물을 하늘에 쌓아라. 거기에서는 좀과 녹이 망가뜨리지 못하고, 도둑들이 뚫고 들어와서 훔쳐 가지도 못한다.
> 21. 사실 그대들의 보물이 있는 곳에 그대들의 마음도 있다.

'지상의 보물'은 좀이나 녹이 망가뜨리거나, 도둑이 훔쳐 갈 수 있습니다. 혹 도둑이 훔쳐 가지 않더라도 우리가 죽을 때 가져가지는 못합니다. 영원한 내 것이 못 된다는 말입니다. 이것이 지상의 보물의 한계입니다. 그러니 보물을 '하늘'에 쌓으라고 하신 것입니다.

그런데 보이지도 않는 '하늘'에 어떻게 보물을 쌓을 수 있을까요? '참다운 자선'을 많이 베풀면 됩니다. 현상계의 재물을 가지고 남을 도와주면 내안의 '성령·양심'이 밝아집니다. 그리고 은밀한 것도 보시는 하느님께서 모두 꿰뚫어 보고 갚아주실 것입니다. 우리가 원하지 않더라도 말입니다. 이것이 바로 하늘에 보물을 쌓는 방법입니다.

그렇게 영혼에 쌓아 둔 보물은 절대로 좀과 녹이 망가뜨릴 수 없고, 도둑이 훔쳐 가지도 못합니다. 이것이 최고의 '영적 재테크'입니다. '불변의 보물'이란 사실 우리의 '밝아진 영혼'입니다. 우리가 대가를 바라지 않는 자선을 베풀수록 우리가 하느님께 받을 보상이 쌓여 가며, 우리 안에서 '성령의 은총'은 더욱 밝게 드러납니다. 이것이야말로 우리가 가질 수 있는 최고의 보물인 것입니다.

15

늘
깨어있어라

> 22. 눈은 몸의 등불이다. 그대들의 눈이 온전하면 온몸이 환할 것이고,
> 23. 그대들의 눈이 온전하지 못하면 온몸이 어두울 것이다. 그러니 그대들 내면에 있는 '빛'(성령·양심)이 어둠이라면, 그 어둠이 얼마나 짙겠는가?

'눈'이 우리 몸의 등불입니다. 눈이 왜 등불일까요? 눈을 감으면 캄캄해지고, 눈을 뜨면 환해지니까요. 그러니 눈이 온전하면 온몸이 환할 것이고, 내가 살아가는 온 세상이 환할 것입니다. 반대로 눈이 어두우면 내 몸만이 아니라, 내가 살아가는

온 세상이 어두워져 버리죠.

   그렇다면 '내면의 빛'은 무엇을 의미할까요? 바로 '성령', 즉 '양심'입니다. 인생의 '내비게이션'인 양심이 먹통이 되면 어떻게 되겠습니까? 어둠 속에서 빛이 없다면 정말 캄캄하고 답답하겠지요? 우리는 양심이 보내는 '자명'과 '찜찜'의 신호만 진솔하게 따라가면 됩니다. 어둠 속에서 빛을 따라가듯이 말입니다. 매순간 모든 일마다, 내면에서 울려 퍼지는 '양심의 신호'를 따르는 삶을 사십시오. 오직 그 길만이 '밝은 빛'을 따르는 길입니다.

16

두 주인을
섬길 수 없다

> 24. 아무도 두 주인을 섬길 수 없다. 그는 한쪽을 미워하고 다른 쪽을 사랑하거나, 한쪽을 떠받들고 다른 쪽을 업신여기게 될 것이다. 그대들은 '하느님'과 '재물'을 함께 섬길 수 없다.

여러분의 에고는 '재물'을 섬기고 있습니까? 아니면 '성령'을 섬기고 있습니까? 즉, '욕심'을 따르고 있습니까? '양심'을 따르고 있습니까? 돈이 생겼는데, 그 돈을 오직 나를 위해서만 쓰겠다고 묶어 두면 재물을 섬기는 것이고, 양심의 뜻에 따라 다른 사람들에게도 베풀고 살면 하느님을 섬기는 것입니다. 이처럼 결국은 우리가 둘 중 하나를 더 섬기게 되어 있다는 의미입니다.

> '욕심'은 위태롭고 '양심'은 미약하다. 오직 양심을 정밀하고 한결같게 해야 한다. 그래야 진실로 '중심'을 잡을 수 있을 것이다!
> 人心惟危 道心惟微 惟精惟一 允執厥中 (서경書經 대우모大禹謨)

 동양 고대 성자들의 가르침을 담은 『서경』에서, '욕심'은 위태롭고 '양심'은 미약하다고 했습니다. 욕심은 늘 결핍감을 느끼고, 이기적이고, 걱정하고, 불안해합니다. 그 자체가 악은 아니지만 언제든 악으로 뛰어들 준비가 되어 있어 위태로운 것이죠. 반면 우리 마음에서 '양심'은 그 세력이 약합니다. 그러니 하느님의 뜻을 따르는 '균형 잡힌 삶'을 살고자 하는 이는 어떻게 해야 하겠습니까? 오직 내면의 '양심'을 정밀하고 한결같게 섬겨야만, '욕심'에 휘둘리지 않고 진실로 '중심'을 잡을 수가 있습니다. 이처럼 동서양을 막론하고 성자들의 결론은 같습니다.

> '성령에 따라 살아가십시오. 그리고 '육체'의 욕심을 채우지 마십시오. '육체의 욕심'은 성령에 반대되고, '성령의 뜻'은 육체에 반대되기 때문입니다. (갈라디아서 5:16~17)

 욕심대로 살지 말고 양심대로 사십시오. '욕심'은 '성령'에 반대되고, '성령'은 '욕심'에 반대되기 때문입니다. 둘 다 섬길 수 없다면 우리는 무엇을 섬겨야 할까요? 당연히 성령이죠.

> '성령의 열매'는 ① 사랑 ② 기쁨 ③ 평화 ④ 인내 ⑤ 자비 ⑥ 선량 ⑦ 성실 ⑧ 온유 ⑨ 절제이니, 어떠한 법도 이것들에 저항하지 못합니다. 그리스도 예수님께 속한 사람들은 자신의 육체를 그것의 욕정과 욕심을 십자가에 못 박았습니다. 우리는 '성령'으로 살아가니 성령을 따라갑시다! *(갈라디아서 5:22~25)*

『갈라디아서』에서 말하는 '성령의 열매'는 ① 사랑 ② 기쁨 ③ 평화 ④ 인내 ⑤ 자비 ⑥ 선량 ⑦ 성실 ⑧ 온유 ⑨ 절제입니다. 성령의 열매인 이 '9가지 덕목'은 유교에서 말하는 '양심의 6가지 덕목'과 그대로 통합니다.

즉, '성령의 열매'에는 ① 내가 받기를 원하는 것을 남에게 베푸는 '사랑'(仁), ② 내가 당하기 싫은 것을 남에게 가하지 않는 '정의'(義), ③ 진실을 수용하고 매사에 겸손한 '예절'(禮), ④ 선과 악을 자명하게 판별하는 '지혜'(智), ⑤ 양심의 구현에 최선을 다하는 '성실'(信), ⑥ 늘 깨어있는 마음을 유지하는 '몰입'(敬)의 덕목이 모두 들어있습니다. •

'성령의 열매' 중에서 ① '사랑 · 자비 · 온유'는 '사랑'(보시바라밀)에 해당하고, ② '기쁨·평화'는 '몰입'(선정바라밀)에 해당하고, ③ '절제'는 '정의'(지계바라밀)에 해당하고, ④ '인내'는 '예절'(인욕바라밀)에 해당하고, ⑤ '선량'은 '지혜'(반야바라밀)에 해당하고, ⑥ '성실'은 '성실'(정진바라밀)에 해당합니다. 이렇게 모두 하나로 통합니다. 사실 인간의 양심이 사람마다 다르지 않은 이상 하나로 통할 수밖에 없죠.

• 유교에서 말하는 '양심의 6가지 덕목'은 불교의 '6바라밀'과 상통하니, ① 사랑(仁)은 '보시'(나눔)와 통하며, ② 정의(義)는 '지계'(절제)와 통하며, ③ 예절(禮)은 '인욕'(수용)과 통하며, ④ 지혜(智)는 '반야'(통찰)와 통하며, ⑤ 성실(信)은 '정진'(노력)과 통하며, ⑥ 몰입(敬)은 '선정'(비움)과 통합니다.

또한 『성경』의 가르침과도 상통하니, 『미가』에서는 유교의 양심의 덕목 중 더욱 핵심이 되는 '인의예지'의 덕목을, '하느님의 명령'(天命)이자 '인간의 길'(人道)로 명확히 밝히고 있습니다.

"사람들아, 주님께서는 무엇이 '선善'인지 이미 그대들에게 보여 주셨다. 주님께서 그대들에게 요구하는 것(하느님의 명령, 인간의 길)은, ① 오직 '정의正義'를 행하며(의義), ② 자애로움을 사랑하고(인仁), ③ 겸손한 마음으로 하느님의 뜻에 따라 살아가는 것이다(예禮·지智)." (미가 6:8)

또한 『아모스』에서는 '인간의 길'의 핵심이 유교처럼 '호선오악好善惡惡'(선을 좋아하고 악을 미워함)임을 명확히 밝히고 있습니다. 유교에서는 '하늘의 길'(天道)은 '복선화음福善禍淫'(선에 복을 주고 악에 재앙을 내림)이라고 합니다.

"그대들은 '악'을 미워하고 '선'을 사랑하라!" (아모스 5:15)

그리고 『시편』에서는 유교에서 말하는 양심의 덕목 중 '인의예지신'이라는 5행의 덕목을, '하느님의 길'(天道)로 명확히 밝히고 있습니다. 유교의 덕목 중 '예禮'는 '인간의 길'인 경우에는 '겸손'(질서의 수용)이며, '하느님의 길'인 경우에는 '질서'(질서에 따른 다스림)로 파악하면 됩니다.

"주님, ① 당신의 확고한 '사랑'(인仁)은 하늘까지 뻗어 있으며, ② 당신의 '성실'(신信)은 구름까지 뻗어 있습니다. 주님, ③ 당신의 '정의'(의義)는 드높은 산줄기와 같으며, ④ '공정'(지智)은 깊은 바다 속과 같습니다. ⑤ 주님, 당신께서는 사람과 동물을 보호해 주십니다(예禮). (시편 36:6~7)

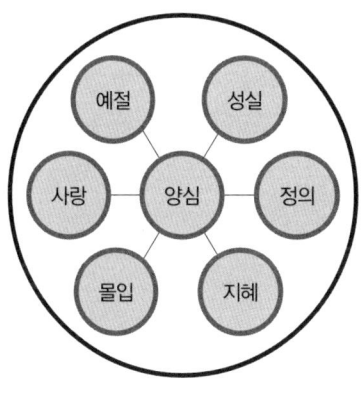

| 양심의 6가지 덕목 |

  우리는 '사랑'을 하거나 '정의'를 이루려고 억지로 노력하면 안 됩니다. 그것보다 먼저 '성령'(양심)과 하나가 되려고 노력해야 합니다. 불쌍한 사람을 보았는데 "아이고, 사랑해야지!" 하면 벌써 가짜입니다. 불쌍한 사람을 보았을 때 "아버지!" 하고 에고를 내려놓으면 사랑의 마음이 안에서 터져 나옵니다. 그게 진짜예요. 불교에서도 "체면상 베풀어야지!" 하고 마지못해 베푸는 것은 그냥 '보시'라 하고, '참나'에서 샘솟은 깨어 있는 마음으로 보시하는 것은 '보시바라밀'이라고 합니다.

  마찬가지로 그냥 참는 것은 '인욕'이고, 인간이 하는 것입니다. '인욕'은 에고가 하는 것이죠. 반면 성령에서 터져 나오는 '인욕바라밀'은 참은 흔적도 없어요. 상대방이 마치 나 같고,

이해가 돼서 그냥 넘어가 버리는 것이니까요. 기분이 평화롭고 만족스러워지면서 넘어가야 진짜 인욕바라밀입니다. 사랑, 기쁨, 평화, 인내, 자비, 선량, 성실, 온유, 절제는 '아버지 마음', 즉 '성령의 마음'에서 터져 나오는 것입니다. 그래서 '성령의 열매'라고 말하는 것이죠.

 '성령의 열매'가 터져 나오면 어떠한 법도 이것들에 저항하지 못합니다. 고아원에 맡겨진 불쌍한 아이들을 보면, 내면에서 '사랑'이 터져 나옵니다. 평소에 이기적으로 살았다고 하더라도, 부당한 일을 당하는 사람을 보면 어떻게든 돕고 싶다는 마음이 솟구쳐 나옵니다. '정의'가 그냥 터져 나와 버린 것입니다. "정의로워야지 …." 하는 생각도 없었는데 말입니다. 이것이 '성령의 열매'입니다. 그래서 바울은 "우리는 성령으로 살아가니 성령을 따릅시다!"라고 이야기한 것입니다.

17

먼저 그분의 왕국과 정의로움을 구하라

> 25. 그러므로 내가 그대들에게 이르노니, 그대들의 목숨을 위하여 "무엇을 먹을까?" "무엇을 마실까?" 걱정하지 마라. 또 몸을 위하여 "무엇을 입을까?" 걱정하지 마라. '목숨'이 음식보다 소중하고 '몸'이 옷보다 소중하지 않느냐?

예수께서는 우리 인간의 에고가 가장 기본적으로 원하는 '의식주'에 대해서 걱정하지 말라고 말씀하십니다. 그런데 여러분은 의식주에 대해 걱정하지 않을 수 있으신가요? 그건 성령의 힘이 아니고서는 안 돼요. 인간의 힘으로는 안 됩니다. 그렇다고 "나는 안 되는구나!" 하고 포기하라는 의미가 아니라,

"나도 인간이구나!" 하고 인간적인 감정들을 있는 그대로 자연스럽게 존중해 주고, 그 위에 '성령·양심'만 하나 얹으면 된다는 것입니다.

  인간적인 감정과 싸우지 마십시오. 그런 조건은 우리 모두가 똑같이 부여받은 것입니다. 성인도 우리와 똑같이 배가 고픕니다. 그러니까 잘 드시잖아요. 욕심과 싸울 필요가 없습니다. 우리에게 필요한 것은 '성령'을 따르는 것이지, '욕심'과 싸우는 것이 아닙니다. 예수님은 의식주를 걱정하지 말고 오직 '성령'과 '양심'을 구하라고 하셨는데, 그러려면 어떻게 해야 될까요? 다음 구절에서는 예수님께서 이에 대해 아주 적절한 비유를 들어 주십니다.

> 26. 하늘을 나는 새들을 살펴보라. 그것들은 씨를 뿌리지도 않고 거두지도 않으며 곳간에 쌓아 두지도 않는다. 그러나 그대들의 하늘에 계신 아버지께서 그것들을 먹여 주신다. 그대들은 그것들보다 더 귀하지 않은가?
> 27. 그대들 가운데 누가 걱정한다고 수명을 조금이라도 늘릴 수 있는가?
> 28. 그리고 그대들은 왜 옷을 걱정을 하는가? 들에 핀 백합화가 어떻게 자라는지 살펴보라. 그것들은 수고하지도 않고 길쌈도 하지 않는다.
> 29. 그러나 내가 그대들에게 이르노니, 솔로몬의 온갖 영광으로도 이 꽃 하나만큼 차려입지 못하였다.

하늘을 나는 새들은 씨를 뿌리지 않고 농사를 짓지 않는데도 잘 먹고 잘 살죠. 들에 핀 백합화는 옷 입을 걱정도 안 하는데 훨씬 예쁘게 잘 자라요. 위대한 왕 솔로몬의 온갖 영광으로도 그 꽃 한 송이만큼 아름답게 차려입지 못했습니다. 하느님은 꽃 하나도 그렇게 화려하게 입혀 주시죠. 그런데 왜 '의식주'에 대해 걱정하느냐고 물은 것입니다.

> 30. 오늘 여기 있다가도 내일이면 아궁이에 던져질 들풀까지 하느님께서 이렇게 입히시는데, 하물며 그대들이야 훨씬 더 잘 입히시지 않겠는가? 이 믿음이 적은 자들아!

하느님은 오늘 여기에 있다가도 내일이면 아궁이에 던져질 들풀마저도 정말 예쁘게 잘 입혀 주십니다. 하물며 하느님의 사랑하는 자녀인 인간들에게는 얼마나 잘 해 주시겠느냐는 것이죠. '욕심의 성취'에 너무 골몰하지 말고, 통 크게 '양심의 성취'를 추구하는 삶을 살아 보라는 말씀입니다. 하느님을 믿지 않는다면 모르겠는데, 사랑과 정의의 하느님을 믿는 자들이 어찌 아버지의 뜻을 이렇게 모를 수 있는가를 한탄하신 것이죠.

> 31. "무엇을 먹을까?" "무엇을 마실까?" "무엇을 입을까?" 하고 걱정하지 마라!
> 32. 왜냐하면 이런 것들은 이방인들도 찾는 것들이기 때문이다. 그대들의 하늘에 계신 아버지께서, 그대들이 필요로 하는 모든 것들을 알고 계신다.

 아버지의 자녀라면 우리는 의식주보다 더 고차원적인 것을 찾아야 할 것입니다. 아버지께서 어디에 계시는지, 그리고 무엇이 '그분의 뜻'에 더 합당한지를 찾아야지요. 하늘에 계신 아버지께서는 여러분이 지금 배고프다는 것, 옷이 없다는 것, 집이 없다는 것 등 모든 것을 다 알고 계시니까, 그런 이야기를 따로 하지 않아도 될 것입니다.

 대신, 아버지의 왕국인 '성령'과 아버지의 '정의로움'을 구해야 할 것입니다. '양심'을 추구하라는 것이죠. 오직 이 양심만 지키면 우리는 '아버지의 사도'가 됩니다. 진정한 사도가 되고자 한다면 하느님의 왕국인 '성령'에 안주하되, 성령 안에서 성령의 '정의로움'과 하나가 될 수 있어야 합니다. 그래서 사도 바울은 다음과 같이 말합니다.

'하느님의 왕국'은 먹고 마시는 일이 아니라, '성령' 안에서 누리는 정의로움과 평화와 기쁨입니다. (로마서 14:17)

아버지의 진정한 사도가 되고 싶다면, 다음의 2가지만 지키십시오. ① 지금 이 순간 '아버지의 왕국'에서 안식할 수 있어야 합니다!(양심의 각성) ② 지금 이 순간 '그분의 정의로움'을 온몸으로 구현할 수 있어야 합니다!(양심의 실천)

여러분은 지금 깨어있습니까? 여러분 내면의 '신성'을 느끼고 계십니까? 우리의 '순수한 존재감'(I Am)인 신성은 잠시도 존재하지 않은 적이 없는데 지금 느껴지십니까? 여러분은 지금 하느님의 왕국과 하나로 연결되어 있습니까? 그리고 여러분의 판단과 언행이, 그 신성의 뜻에 비추어서 당당하십니까? 진실로 정의로우십니까? '그분의 왕국'과 '그분의 정의'를 찾으라는 것이 이것입니다.

그분은 정의로우신 분인데 여러분은 지금 정의로우십니까? 양심에 부끄러운 것은 없으십니까? '정의'는 별것이 아닙니다. 내가 당하기 싫은 것을 남에게 하지 않는 것입니다. 즉, 내가 상대방의 입장이라면 정말로 당하기 싫겠다는 생각이 드는 일을 가하지 않는 것입니다.

그렇다면 '사랑'은 무엇일까요? '상대방이 받고 싶은 것을 먼저 해 주는 것'이 사랑입니다. '내가 상대방이라면 싫겠다는 것을 안 해 주는 것'이 정의이고, "내가 상대방이라면 이런 것을 받고 싶겠다." 하는 것을 먼저 해 주는 것이 '사랑'입니다. 정의는 소극적이고, 사랑은 보다 적극적이죠. 하지만 모두 '황금률' 안에 들어 있습니다. 깨어서 황금률을 지킨다면, 그 사람이 하느님의 사도이지요.

> 33. 그대들은 무엇보다 '그분의 왕국'과 '그분의 정의로움'을 구하라! 그러면 이 모든 것들도 함께 받게 될 것이다.
> 34. 그러므로 내일을 걱정하지 마라. 내일은 내일이 걱정하도록 하라. 그날의 괴로움은 그날로 충분하다.

 오늘의 괴로움을 내일로 가져가지 마십시오. 그러면 오늘 우리는 무엇을 해야 할까요? 순간순간 자신이 아버지의 뜻대로 살고 있는지만 확인하고, 그 뜻을 따르면 됩니다. ① 지금 여러분은 '아버지의 왕국'과 하나입니까?(양심의 각성) ② '그분의 정의로움'을 온몸으로 구현하고 있습니까?(양심의 실천) 그것만 신경 쓴다면 아버지께서는 여러분이 모든 것을 함께 얻도록 해 주실 것입니다. 먹고 살아가는 데에 문제가 없게 해 주실 것입니다.

 아버지를 따르고 양심을 지키는 사람을 아버지께서 왜 홀대하시겠습니까? 우리의 욕심이 많아서 그렇지, 아버지는 항상 적합하게 보상을 해 주십니다. 그러니까 먹고 사는 일에 대해 너무 걱정하지 말고, "나는 지금 양심적인가?"에 더 신경을 쓰라고 예수님이 가르치신 것입니다. 예수님이 보장하신 것이니 한번 믿고 해 보세요.

18

남을
심판하지 마라

> 1. 남을 심판하지 마라. 그래야 그대들도 심판받지 않을 것이다. (7:1)
> 2. 그대들이 남을 심판하는 그대로 그대들도 심판받을 것이며, 그대들이 남을 헤아리는 잣대로 그대들도 헤아림을 받을 것이다.

 여러분이 남을 헤아리는 잣대, 남을 재고 다니는 잣대, 그 잣대로 다른 사람들도 여러분을 재고 있을 것입니다. 여러분이 '사랑과 정의의 양심'으로 여러분의 자녀를 지적하면, 자녀들도 그것을 기준으로 여러분을 지켜볼 것입니다. 무섭지요? 그러니까 양심을 따르는 문제에 있어서는, 남녀노소를 막론하고 서로 조심하는 것이 답입니다.

> 3. 그대들은 어찌하여 형제의 눈 속에 있는 티는 보면서, 그대들의 눈 속에 있는 들보는 알아차리지 못하는가?
> 4. 그대들 눈 속에는 들보가 있는데, 어떻게 형제에게 "내가 네 눈에서 티를 빼 주겠다."라고 말할 수 있겠는가?
> 5. 위선자들아, 먼저 그대들의 눈에서 들보를 빼내어라. 그래야 그대들이 뚜렷이 보고 형제의 눈에서 티를 빼낼 수 있을 것이다.

우리는 보통 자기 자신의 잘못은 모르면서 남을 지적하려고 합니다. 자기 눈 속에 있는 들보를 먼저 빼야 남의 눈에 있는 티도 빼 줄 수 있겠지요? 내 눈이 어두운데 누가 누구를 인도하겠습니까?

> 남을 질책하는 마음으로 자신을 질책하고,
> 자신을 용서하는 마음으로 남을 용서하라.
> 以責人之心 責己 以恕己之心 恕人 (명심보감明心寶鑑)

동양 성현들의 가르침이 담긴 『명심보감』에는 아주 멋진 말이 있습니다. 남을 질책하는 마음으로 나를 꾸짖고, 자신을 용서하는 마음으로 남을 용서하라는 것입니다. 평소에 전혀 양심적이지 않던 사람도 남을 지적할 때에는 양심을 아주 정밀하게 따집니다. 양심에 어긋나는 부분을 0.0001mm까지 재서 "그때 '아'라고 했어야지, 왜 '어'라고 했어?" 하고 비판합니다.

반면 자신이 한 잘못에는 엄청나게 관대해지죠. "그때 사정이 그럴 수밖에 없었지 …." 다른 사람도 그와 같은 마음으로 바라본다면 '양심 적용'이 얼마나 잘 되겠습니까? 그러니 평소 우리가 취하던 방식을 뒤집어 실천하면, 누구나 성자의 삶을 살 수 있을 것입니다. 즉, 남을 꾸짖을 때에는 나처럼 관대하게 하고(責人如己), 나를 꾸짖을 때에는 남처럼 엄밀하게 할 수 있다면(責己如人), 누구나 양심을 따르는 삶을 살 수 있을 것입니다.

『명심보감』의 이 구절은 예전 선비들이 늘 실천하고자 노력했던 것입니다. 우리나라의 옛 선비들은 이처럼 양심적으로 살기 위해 많이 노력했습니다. 그러니 단지 교회를 다니지 않는다는 이유로 다른 사람을 무시하면 안 됩니다. 원시 시대에서부터 지금까지, 시대와 사회를 불문하고 자신의 '양심'에 충실히 응한 사람들이 성자이고, 양심을 무시하면 소인배입니다. 바리새파가 비난을 들은 것도 그런 이유입니다.

남의 잘못을 질책하지 말고, 남이 행한 일과 행하지 않은 일을 심

판하지도 마라. 오직 자신이 행한 일과 행하지 않은 일을 스스로 반성하여 살펴보라. (법구경法句經)

석가모니의 가르침을 담은 『법구경』에서도 같은 말을 하고 있습니다. 남의 잘못을 질책하거나 심판하기 전에 먼저 자신의 일을 스스로 반성하여 살펴보라는 것이죠. 이처럼 성인들의 말씀은 서로 다르지 않습니다.

나의 양식은 나를 보내신 분의 뜻을 실천하는 것이며, 그분의 일을 완성하는 것이다. (요한복음 4:34)

이것들(사람들에게 선을 권고함)은 '신의 명령'이기 때문이라는 것을 잘 알고 계십시오. 신에 대한 나의 이러한 '봉사'보다 더 크고 선한 일은 이 나라에 아직 없었다고 나는 생각합니다. (소크라테스의 변론)

'하느님'께서 명령하신 것을 '본성'(양심의 본성)이라 이르고, 본성을 따르는 것을 '인간의 길'이라고 이르며, 인간의 길을 곧게 수리하는 것을 '가르침'이라 이른다. (중용)

인류의 모든 성자들은 오직 '양심의 실천'을 자신의 사명으로 삼았습니다. 모두 생을 다해 양심의 구현에 전념했던 '양심의 화신'이었으니까요. 그들은 양심의 화신이자 '하느님의 화신'이었습니다. 하느님의 명령이 바로 양심의 실천이기 때문입니다.

19

거룩한 것을
욕되게 하지 마라

> 6. 거룩한 것을 개에게 주지 마라! 그대들의 진주를 돼지 앞에 던지지 마라! 그들이 그것을 발로 짓밟고 돌아서서 그대들을 해칠 것이다.

진주를 돼지 앞에 던지면, 진주는 먹을 것이 아니니까 돼지가 싫어하겠지요. 그리고 화가 나서는 진주를 짓밟고 돌아서서 여러분을 해칠 수도 있습니다. 마찬가지로 '욕심'에 충만한 '소인小人'은 '양심'을 자극하는 이야기를 듣는 것을 좋아하지 않습니다. 더 나아가 화가 나면 양심을 추구하는 '군자君子'를 해치려고 덤빌 것입니다.

그러니 누군가의 '양심'을 일깨워 주고 싶은 경우에는, 한번 시도해 보고 눈치가 이상하면 더 이상은 하지 마세요. 예수님의 제자들이 양심을 권하다가 소인배들에게 해를 당하셨기 때문에 예수님이 이런 말씀을 하신 것 아닙니까? 말을 하더라도 그 말을 알아들을 사람에게 해야겠지요.

동양의 철인 노자는, 소인배들이 듣고 화를 내고 비웃지 않으면 진정한 도道가 아니라고 말했습니다. 여러분이 욕심꾼들에게 양심적으로 살자고 권했을 때, 상대방이 비웃으면 그게 바로 양심이자 진리라는 것이죠. 소인배들이 비웃지 않고 화내지 않으면 도가 되기에 부족합니다. 누구한테든 좋은 소리만 듣고 다닌다고 해서 그 사람이 성자인 것은 아닙니다. 맞춰 줄 때에는 맞춰 주더라도, 단호해야 할 때에는 단호할 수 있어야 군자입니다.

20

구하면
얻을 것이다

7. 청하라! 그대들에게 주실 것이다. 찾아라! 그대들이 얻을 것이다. 문을 두드려라! 그대들에게 열릴 것이다.

8. 누구든지 청하는 이는 받고, 찾는 이는 얻고, 문을 두드리는 이에게는 열릴 것이다.

9. 그대들 가운데 어느 아버지가 아들이 빵을 청하는데, 돌을 주겠느냐?

10. 생선을 청하는데 뱀을 주겠느냐?

11. 그대들이 악해도 자녀들에게는 좋은 것을 줄 줄 알거든, 하늘에 계신 아버지께서야 당신께 청하는 이들에게 좋은 것을 얼마나 더 많이 주시겠느냐?

이것은 우리가 얻으려고만 하면 반드시 얻게 되어 있다는 말씀입니다. 우리에게는 아주 희망적인 메시지죠. 그런데 이런 말씀을 듣고 나서 로또 일등을 청하고, 멋진 새 집을 청한다면, 아마도 청하면서 이미 마음이 찜찜할 것입니다. 그것은 욕심으로 청한 것이니까요. 양심으로 청하세요.

> 내가 그대들에게 말한다. 청하라, 그대들에게 주실 것이다. 찾아라, 그대들이 얻을 것이다. 문을 두드려라, 그대들에게 열릴 것이다. 누구든지 청하는 이는 받고, 찾는 이는 얻고, 문을 두드리는 이에게는 열릴 것이다. 그대들 가운데 어느 아버지가 아들이 생선을 청하는데, 생선 대신에 뱀을 주겠느냐? 달걀을 청하는데 전갈을 주겠느냐? 그대들이 악해도 자녀들에게는 좋은 것을 줄 줄 알거든, 하늘에 계신 아버지께서야 당신께 청하는 이들에게 '성령'(양심)을 얼마나 더 잘 주시겠느냐? (누가복음 11:9~13)

『누가복음』에 있는 '평지설교'는 같은 사건을 기록해 놓은 것인데, 앞부분은 같지만 『마태복음』에는 실려 있지 않은 말씀이 더 있습니다. 그것은 바로 마지막 문장인, "하늘에 계신 아버지께서야 당신께 청하는 이들에게 '성령'(양심)을 얼마나 더 잘 주시겠느냐?"입니다. 즉, 아버지께 다른 것이 아니라 '성령'을 청하라는 것이죠. 앞에서 이미 말씀하셨듯이, 우리가 신경 쓸 것은 먹을 것, 입을 것이 아닙니다.

예수님은 우리에게 '성령'을 청하라고 하셨고, 청하면 아버지께서 반드시 주신다고 하셨습니다. 예수님이 이렇게 단호하게 이야기할 수 있는 이유는, '성령'이 이미 우리에게 있기 때문입니다. 그래서 원하기만 하면 반드시 얻을 수 있습니다. 예수님께서 '하느님의 왕국', 즉 '성령'이 이미 우리 가운데 있다고 하신 것이 그 증거입니다.

> 한번은 예수님께서 바리새인들에게 '하느님의 왕국'이 언제 오느냐는 질문을 받으셨다. 그들에게 대답하시길 "하느님의 왕국은 눈에 보이는 것들로 오지 않는다. 또한 "보라, 여기에 있다!"거나 "저기에 있다!" 하고 말할 수도 없을 것이다. 사실 '하느님의 왕국'은 그대들 가운데 있다."라고 하셨다. (누가복음 17:20~21)

　그러니 우리는 성령만 신경 쓰면 됩니다. 먹을 것, 입을 것은 필요한 만큼 다 주실 테니까요. 천하의 솔로몬왕도 소유하는 데에는 한계가 있지요. 우주의 모든 것을 한 사람이 다 가질 수는 없습니다. 하지만 성령은 누구나 아버지와 똑같이 가질 수 있는 것입니다. 그런데 이와 비슷한 가르침이 『맹자』에도 보입니다.

> 구하면 얻을 수 있고, 내버려 두면 잃어버리는 것이 있다. 이러한 구함은 얻는 데 도움이 되니, 구하는 것이 본래 '나'에게 있기

때문이다!

求則得之 舍則失之 是求有益於得也 求在我者也 (맹자 진심盡心 상)

맹자는 구하면 얻을 수 있고, 내버려 두면 잃어버리는 것이 있다고 했습니다. 그리고 이러한 구함은 얻는 데 도움이 된다고 했는데, 그것은 구하면 누구나 얻을 수 있다는 의미입니다. 구하는 것이 이미 '나'에게 있기 때문이죠. 이미 가지고 있는 것을 구하면 누구나 무조건 얻을 수 있다는, 예수님과 똑같은 이야기를 맹자도 하고 있는 것입니다. 하나 더 살펴볼까요?

들어 보라! 씨를 뿌리는 자가 나가서 씨를 뿌림에, 어떤 것들은 길 위에 떨어져 새들이 와서 먹어 버렸다. 어떤 것들은 돌 위에 떨어져서, 흙이 깊지 않아서 싹이 즉시 돋아났으나, 뿌리가 없기에 해가 솟아오르자 말라 버렸다. 또 어떤 것들은 가시덤불 속에 떨어져서, 가시덤불에 막혀서 열매를 맺지 못했다. 그러나 어떤 것들은 좋은 땅에 떨어져서, 싹이 나고 자라서 열매를 맺었다. 그리하여 30배, 60배, 100배의 열매를 맺었다. (마가복음 4:3~8)

『마가복음』에서는 '씨를 부리는 자'를 통해 아주 재미있는 비유를 들어 주는데, 이것은 '성령'(하느님의 말씀을 품은 진리의 영)이 우리의 마음에서 일으키는 변화를 말합니다. 성령을 무시하는 척박한 마음에 떨어진 씨앗은 어떻게 될까요? 소시오패스와 같은 마음에 들어 있는 성령은 전혀 열매를 거두지 못합니다. 반면 양심적인 사람 안에 뿌려진 성령은 엄청난 일을 할 수 있죠. 그런데 신기하게 『맹자』에도 비슷한 가르침이 있습니다.

> '사랑·정의·예절·지혜'(仁義禮智)는 바깥으로부터 말미암아 나에게 녹아든 것이 아니다. 내가 본래부터 가지고 있던 것이나, 다만 생각하지 않았을 뿐이다. 그래서 말하기를 "구하면 얻고 내버려 두면 잃어버린다!"라고 한 것이다. 혹은 서로 2배가 되기도 하고 5배가 되기도 하여 헤아릴 수 없는 것은, 그 '양심의 재능'을 모두 발휘하지 못했기 때문이다.
> 仁義禮智 非由外鑠我也 我固有之也 弗思耳矣 故曰 求則得之 舍則失之 或相倍蓰而無算者 不能盡其才者也 (맹자 고자告子 상)

맹자도 같은 말을 하고 있습니다. '사랑·정의·예절·지혜'(仁義禮智)의 덕목을 지닌 '양심'(성령)은, 원래부터 우리가 가지고 있는 것이나, 다만 찾지 않았을 뿐이라는 것입니다. 맹자가 구하면 얻으리라고 했던 것은 바로 이 '인의예지의 양심'(진리의 영)인 것이죠. 그런데 어떤 사람은 이 양심을 2배로 꺼내 쓰고, 어떤 사람은 5배로 꺼내 쓰고, 또 어떤 사람은 헤아릴 수 없게 꺼내 쓰기도 합니다. 이는 사람들이 '양심의 재능'을 각자 자신의 역량대로 계발하고 있다는 의미가 됩니다.

즉, 우리 안에는 본래 온전한 '사랑·정의·예절·지혜'가 갖추어져 있는데, 제대로 꺼내 쓰지 못한다는 것이지요. 사람의 역량, 즉 '영성지능의 수준'에 따라 '양심의 재능', 즉 '성령의 은총'을 다양하게 구현하고 있다는 것입니다. 그러나 '양심의 재능'에는 근본적인 차이가 없습니다. 우리 안의 성령은 다 똑같으니까요. 다만 '꺼내 쓰느냐, 못 꺼내 쓰느냐'의 차이라는 것이지요. 맹자와 예수님의 이야기가 서로 다르지 않다는 것을 아시겠습니까?

21

율법과 예언서의 골자인 황금률

> 12. 그러므로 무엇이든지, 남이 해 주기를 원하는 대로 그대들도 남에게 해 주어라! 이것이 율법과 예언서의 골자이다.

무엇보다 중요한 것은 '황금률'입니다. 남에게 바라는 대로 우리가 먼저 남에게 해 줄 수 있어야 합니다. 그런데 우리의 '에고'는 남에게 먼저 해 주도록 되어 있지 않지요. 황금률은 에고가 구현할 수 없어요. 오직 '성령·양심'이라야 황금률을 진심으로 구현할 수 있습니다.

그러니 '에고'를 탓하지 말고 빨리 '성령'으로 돌아가세요! 에고는 원래 '차가운 쇠공'이라 본질이 차갑습니다. 뜨거운 불 가까이로 가면 끝날 일인데, 굳이 차가운 쇠공을 탓할 필요가 없는 것이죠. 에고는 원래 그렇습니다. 그게 에고의 맛이죠. 늘 자신의 이해관계 때문에 불안과 걱정에 떠는 자리가 바로 '에고의 자리'입니다.

하지만 차가운 쇠공인 에고는 '성령의 불' 가까이에 있으면 불안이 사라지고, 성령의 불에서 멀어지면 다시 불안해져요. 그래서 우리가 에고를 잘 관리하려면, 늘 성령의 불과 가까이에 있는 수밖에 없습니다. "아버지! 아버지!" 하면서 아버지의 뜻대로 하는 수밖에 없는 것입니다. 그런데 아버지의 뜻대로 하려면 어떻게 하면 되죠? 아버지의 모든 자녀를 공평하게 사랑해 주면 됩니다.

> 사랑하는 자(仁者)는 자기가 서고 싶으면 남도 세워 주고, 자기가 이르고 싶으면 남도 이르게 해 준다. 자기를 살펴서 남의 입장을 이해하는 것, 이것을 '사랑의 올바른 방법'이라고 말할 수 있다.
> 仁者 己欲立而立人 己欲達而達人 能近取譬 可謂仁之方也已
> (논어)

공자님도 예수님과 같은 깨달음을 얻으셨다는 것을 이 글을 통해 알 수 있습니다.• 공자님이 성자가 아니라면 다른 말씀을 하셨겠지만, 성자인 이상 같은 말씀을 하실 수밖에 없습니다. 사랑하는 사람이라면 자기가 서고 싶으면 남도 세워 주고, 자기가 어떤 것을 갖고 싶으면 "남도 나와 같은 마음이겠구나!" 하고서 남도 그것을 갖게 해 줍니다. "내가 정말 원하는 것을 보면 남도 원하겠구나!" 하고 남의 마음을 헤아리는 것이 '사랑의 올바른 방법'이라는 것입니다.

> "간음하지 마라! 살인하지 마라! 도둑질하지 마라! 탐내지 마라!"라는 계명과 그 밖의 어떠한 계명도, "네 이웃을 너 자신처럼 사랑하라!"라는 하나의 계명으로 요약됩니다. '사랑'은 이웃에게 해를 끼치지 않습니다. 그러므로 사랑은 '율법의 완성'입니다.
>
> (로마서 13:9~10)

계명에서 도둑질을 하지 말라고 했기 때문에 도둑질을 행동으로 옮기지 않을 뿐, 마음속으로는 계속 도둑질을 하고 있다면 그 사람이 계명을 잘 지키고 있다고 말할 수 있을까요? 『로마서』에서는 '성령의 마음' '사랑의 마음'이 있을 때에만 율법이 완성된다고 했습니다. 따라서 우리가 "눈에는 눈, 이에는 이!"

• 자공이 묻기를 "한 마디 말로서, 종신토록 행해야 할 것은 무엇입니까?"라고 하자, 공자께서 말씀하시길 "그것은 서恕이니, 내가 당하기 싫은 일을 남에게 가하지 않는 것이다."라고 하셨다." (子貢問曰 有一言而可以終身行之者乎 子曰 其恕乎 己所不欲勿施於人, 논어 위령공衛靈公)

로 죄인을 처벌하더라도, 사랑으로 행해야 비로소 율법이 완성되는 것이지, 율법 자체만으로 완성되는 것은 아닙니다.

> 내가 그대들에게 '새로운 계명'을 주겠다. 서로를 사랑하라! 내가 그대들을 사랑한 것처럼 그대들도 서로를 사랑하라. 만약 그대들이 서로를 사랑한다면, 모든 사람들이 그대들이 나의 제자라는 것을 알게 될 것이다. (요한복음 13:34~35)

예수님의 제자라면, 하느님의 사도라면 무엇보다 '사랑하는 존재'여야 합니다. 남을 바로잡아야 할 경우에도, 남을 사랑하기 때문에 바로잡아 주는 존재여야 합니다. 사랑에 바탕을 두지 않는 '정의'는 가짜입니다. 그렇다면 이제부터 우리는 어떻게 살아야 하겠습니까? 이 순간부터 양심대로 살면 됩니다. 그러면 "뿌린 대로 거두리라!"라고 하시는 아버지께서, 우리가 뿌린 대로 갚아 주실 것입니다.

우리가 날마다 '양심에 맞는 좋은 씨'를 계속 뿌리는데 아버지께서 나쁜 것을 주실 리가 없지요. "나라가 힘들다, 정치가 제 역할을 못 한다." 하는 등의 모든 문제들은 우리가 씨를 덜 뿌려서 그런 것입니다. 그럴수록 우리는 더 양심적으로 살아야 합니다. 그러면 반드시 좋은 지도자가 나오게 되어 있고, 반드시 우리나라가 더 살만한 나라, 행복한 나라로 바뀌게 되어 있습니다. 내가 먼저 양심에 맞는 좋은 씨를 뿌리지는 않으면서 달콤한 열매를 거두려는 심보는 욕심일 뿐입니다.

사랑하는 여러분, 서로 사랑합시다. '사랑'은 하느님에게서 오는 것이기 때문입니다. 사랑하는 이는 모두 하느님에게서 태어났으며 하느님을 압니다. 사랑하지 않는 사람은 하느님을 알지 못합니다. 하느님은 '사랑'이시기 때문입니다. (요한1서 4:7~8)

율법학자 중 한 사람이 그들이 토론하는 것을 듣다가, 예수님께서 그들에게 대답을 잘 해 주시는 것을 보고는 예수님께 묻기를 "계명 중에서 가장 중요한 계명은 무엇입니까?"라고 하였다. 예수님께서 대답하시길 "① 첫 번째는 바로 이것이니, '이스라엘아 들어라! 우리의 주이신 하느님은 유일한 주이시니, 그대들은 마음을 다하고 목숨을 다하고 정신과 힘을 다하여, 주이신 그대들의 하느님을 사랑해야 한다!'(敬天)라는 것이 그것이다. ② 두 번째는 이것이니, '그대들의 이웃을 그대들 자신처럼 사랑하라!'(愛人)라는 것이 그것이다. 이것보다 더 큰 계명은 없다."라고 하셨다. (마가복음 12:28~31)

율법학자가 여러 계명 중에서 어떤 계명이 가장 중요한지를 묻자, 예수님이 2가지만 이야기해 주셨어요. ① "목숨과 정신과 힘을 다하여 주이신 하느님을 사랑하라!" 동양에서는 이것을 '경천敬天'이라고 표현합니다. 하느님을 공경하고 사랑하라는 것은 무슨 의미일까요? 무지와 아집에서 깨어나라는 것입니다. 여러분이 욕심의 유혹에 휘둘리지 않고 깨어서 '성령·양심'에 몰입하는 것이 곧 아버지를 사랑하는 길입니다.

② "이웃을 자신처럼 사랑하라!" 동양에서는 이것을 '애인愛人'이라고 합니다. 이웃을 사랑하려면 양심에 떳떳하게 살면 됩니다. 결국 예수님이 말씀하신 두 계명을 종합하면, ① 하느님을 사랑하고(양심의 각성에 몰입) ② 하느님의 뜻을 따르라는 것입니다(양심의 실천에 몰입). 여러분은 하느님 자체에 몰입하고 계십니까? 마음 안에 늘 아버지를 품으면서 살고 계십니까? 또 아버지의 뜻이 사람들을 사랑하라는 것인데, 그렇게 살고 계십니까? 양심대로 살고 계십니까?

이 두 가지 계명 말고 더할 것이 무엇이 있겠습니까? 이것만 지키면서 살면 그 사람이 예수님의 진정한 제자입니다. 교회에 공을 들인다고 해서 예수님의 제자가 되는 것이 아닙니다. 아버지를 사랑하고, 아버지의 뜻인 황금률을 실천해야만 예수님의 제자이고, 하느님의 자녀이지요. 오직 '황금률을 실천하는 자'라야 천국에 갈 수 있습니다. 그래서 예수님께서 다음과 같이 말씀하신 것입니다.

나에게 "주님, 주님!"이라고 부른다고 해서, 모두 다 '하늘의 왕국'에 들어갈 수 있는 것은 아니다. 오직 하늘에 계시는 나의 '아버지의 뜻'을 실천하는 자(양심을 따르는 자)라야 그 왕국에 들어갈 수 있다. 그날에는 많은 사람이 나를 보고 "주님, 주님! 우리가 주님의 이름으로 예언을 하고, 주님의 이름으로 마귀를 쫓아내고 많은 기적을 행하지 않았습니까?" 하고 말할 것이다. 그러나 그때에 나는 그들에게 분명히 말할 것이다. "너희 악한 자들아! 나에게서 물러가라. 나는 너희들(욕심을 따르는 자)을 전혀 알지 못한다."라고. (마태복음 7:21~23)

바울도 똑같은 결론에 도달합니다. "이웃을 네 몸처럼 사랑하라!"라는 계명 외에 더 할 말이 없다는 것이죠. 왜 그럴까요? 하느님은 부모예요. 하느님을 사랑하는 사람은 반드시 이웃도 사랑하게 되어 있습니다. 아버지를 진심으로 사랑하는 사람은 아버지의 자녀도 사랑하기 때문에, 형제간에 잘 지내는 것이죠. 부모를 공경한다면서 형제들에게 함부로 하는 사람은 진짜 효자가 아니지요.

모든 율법은 한 가지 계명으로 요약됩니다. 그것은 바로 "네 이웃을 너 자신과 같이 사랑하라!"라는 계명입니다. (갈라디아서 5:14)

이웃을 사랑하지 않는 사람은 가짜로 하느님을 사랑하는 사람이에요. 가짜 효자인 것이죠. 가짜 효자는 어떤가요? 아버지한테만 잘 해요. 형제들에게서 빼앗아서 아버지에게 잘 해 드리는 것이죠. 그런데 그러면 부모의 마음이 어떨까요? 말이 아니겠지요. 직장에서도 동료들을 모두 짓밟아서 상사에게만 잘 보이려는 사람들은 소시오패스입니다. 그래서 '애인愛人'이 핵심이라고 말하는 것입니다.

22

좁은 문으로
들어가라

> 13. 좁은 문으로 들어가라. 멸망으로 이끄는 문은 넓고 길이 넓어서, 거기로 들어가는 자가 많다.
> 14. 생명으로 이끄는 문은 얼마나 작고 그 길이 좁은지, 찾는 이가 적다.

생명으로 이끄는 문이 왜 좁을까요? 동양의 『서경』에서도 우리의 양심은 미약한데 욕심은 위태롭다고 했지요? • 양심은 우리 마음 안에서 그 세력이 미약하기 때문에 따르기가 어려워요. 그래서 '양심의 문'은 '좁은 문'인 것입니다. 욕심의 입장에서 보면 너무도 들어가기 힘든 문이거든요.

반면 욕심을 따르는 문은 넓어요. 그냥 욕심대로 좋아하는 것만 좇아서 살면 되니까요. 그런데 그렇게 살다 보면 '멸망의 문'으로 들어가게 되는 것이죠. 그러니 내 안에서 '사랑'과 '정의'의 작은 싹이 텄을 때, 비록 그 힘이 미약하더라도 거기에 물을 주고 관심을 주어야 합니다. 그것이 우리가 '좁은 문'인 '생명의 문'으로 들어가는 길입니다.••

- • '욕심'은 위태롭고 '양심'은 미약하다. 오직 양심을 정밀하고 한결같이 해야 한다. 그래야 진실로 '중심'을 잡을 수 있을 것이다! (人心惟危 道心惟微 惟精惟一 允執厥中, 서경 대우모)
- •• '나에게 있는 '양심의 4가지 싹'(4단四端)을 넓히고 채워 줄(확충擴充) 줄 알면, 불이 처음 타오르며, 샘이 처음 솟아나오는 것과 같을 것이니, 진실로 이를 채울 수 있다면 족히 4해를 보존할 것이요, 진실로 이를 채우지 못한다면 부모님도 모실 수 없을 것이다. (凡有四端於我者 知皆擴而充之矣 若火之始然 泉之始達 苟能充之 足以保四海 苟不充 不足以事父母, 맹자 공손추公孫丑 상)

23

열매를 보면
나무를 안다

> 15. 그대들은 거짓 선지자들을 조심하여라. 그들은 양의 옷을 입고 그대들에게 오지만 속은 노략질하는 이리이다.

특히 요즘 시대에는 전 세계적으로 거짓 선지자들이 판을 치고 있습니다. '재앙의 날' 또는 '종말'을 선포하면서 사람들을 속이고 착취하는 선지자들이 수없이 많은데요, 예수님은 이런 거짓 선지자를 "양의 옷을 입고 그대들에게 오지만 속은 노략질하는 이리이다!"라고 표현하셨습니다. 이런 거짓 선지자를 항상 조심해야 할 것입니다.

> 16. 그대들은 '열매'(언행)를 보고 그들을 판단해야 한다. 가시나무에서 어떻게 포도를 거두어들이고, 엉겅퀴에서 어떻게 무화과를 거두어들이겠는가?

 예수님은 이런 비유를 자주 사용하십니다. 나무가 열매를 맺지요? 여기에서 나무는 우리의 '속마음'을 말하고 열매는 '언행'을 말합니다. 열매를 보고 판단하라는 것은, 사람들이 하는 언행을 보고서 판단을 내리라는 뜻입니다.

 그들이 하는 짓을 보고서도 속아서 이끌려 갔다면, 여러분도 더 할 말이 없는 것이죠. 여러분이 욕심 때문에 끌려다닌 것이니까요. "난 이게 필요해!" "그래? 내가 줄까?" 한쪽은 사기를 치고 다른 한쪽은 그 사기에 호응하고, 결국 똑같은 사람들끼리 만난 것일 뿐입니다. 성령은 여러분의 욕심을 그렇게 보장해 주지 않지요.

> 17. 이처럼 '좋은 나무'(속마음)는 모두 '좋은 열매'(언행)를 맺고, '나쁜 나무'는 '나쁜 열매'를 맺는다.
> 18. 좋은 나무가 나쁜 열매를 맺을 수 없고, 나쁜 나무가 좋은 열매를 맺을 수 없다.
> 19. 좋은 열매를 맺지 않는 나무는 모두 잘려서 불에 던져진다.
> 20. 그러므로 그대들은 그들의 열매를 보고 그들을 판단할 수 있다.

 앞에서도 말했듯이, 속이 좋으면 겉도 좋습니다. 좋은 나무에는 좋은 열매가 맺히고 나쁜 나무에는 나쁜 열매가 맺힌다는 것을 이해한다면, 여러분은 언행이 이상한 사람을 보았을 때 그 사람의 속도 이상할 것이라는 사실을 바로 판단할 수 있을 것입니다. 그래서 이렇게 열매를 보고 판단하려면 '지혜'가 있어야 합니다.

 '좋은 열매'를 얻으려거든 '좋은 나무'를 길러라! 나무가 나쁘면 열매도 나쁘다. 열매를 보아 나무를 알 수 있다. 이 독사의 족속들아! 그렇게 악하면서 어떻게 선한 말을 할 수 있겠느냐? 결국 마음에 가득 찬 것이 입으로 나오는 법이다. 선한 사람은 선한 것을 마음에 쌓아 두었다가 선한 것을 내놓고, 악한 사람은 악한 것을 마음에 쌓아 두었다가 악한 것을 내놓는 것이 아니겠느냐?

(마태복음 12:33~35)

이와 비슷하게, 『마태복음』에서는 좋은 열매를 얻고 싶으면 좋은 나무를 기르라고 하고 있습니다. 그리고 나무가 나쁘면 열매도 나쁘다는 비유의 사례로서 바리새인들을 언급하면서, "이 독사의 족속들아!" "그대들은 속이 아주 시커메서 겉도 시커멓구나!" 하고 꾸짖으십니다. 예수님의 진노가 살벌하지 않은가요?

지금 이 분위기에서는 예수님이 왼뺨 맞고서 오른뺨을 대시지 않으시겠지요? 이것은 예수님이 지금 우리의 양심 중에서 '정의'를 표현하고 계시기 때문입니다. 예수님의 진노는 '양심의 진노'입니다. 하지만 양심 중에서 사랑을 표현하실 때에는, 5리를 가자는 사람한테 10리를 가 주고, 속옷을 달라는 사람한테 겉옷도 주실 것입니다. 이런 차이를 잘 구별하시기 바랍니다.

24

아버지의 뜻을
실천하라

> 21. 나에게 "주님, 주님!" 하고 부른다고 해서, 모두 다 '하늘의 왕국'에 들어갈 수 있는 것은 아니다. 오직 하늘에 계시는 나의 '아버지의 뜻'을 실천하는 자(양심을 따르는 자)라야 그 왕국에 들어갈 수 있다.

　많은 사람들이 조직을 만들고, 화려한 건물을 지어 놓고 모여서 "주님! 주님! 우리 주님!" 하고 외치면서, 최고의 팬클럽인 것처럼 행동한다고 해서 과연 주님이 좋아하실까요? 예수님은 자신의 빠가 된다고 해서 '하늘의 왕국'에 들어갈 수 있는 것이 아니라고 분명히 못 박으셨습니다. 오직 하늘에 계신 '아버지의 뜻'(양심의 명령)을 실천하는 사람만이 하늘의 왕국에 갈 수 있다고 하셨습니다.

만나는 모든 사람들을 사랑해 주고, 그 사람들에게 좋은 것을 주는 양심적인 삶을 사는 사람이, 곧 아버지의 뜻을 따르는 사람입니다. 남에게 피해를 주지 않고 남을 사랑해 주는 사람이 하늘의 왕국에 갈 수 있는 것이지, "주님! 주님!" 하고 하느님한테 매달린다고 해서 갈 수 있는 것이 아니라는 것이죠.

하느님은 "주님! 주님!" 하고 받들면서 형제들은 함부로 대하고, 형제들의 것을 빼앗아서 하느님에게 바친다면 과연 아버지가 좋아하실까요? 아니겠지요? '성령', 즉 '양심'을 따르는 자가 천국에 갈 수 있는 것입니다. 이것이 예수님께서 보증하는 천국에 가는 비결입니다.

> 22. 그날에는 많은 사람이 나를 보고 "주님, 주님! 우리가 주님의 이름으로 예언을 하고, 주님의 이름으로 마귀를 쫓아내고 많은 기적을 행하지 않았습니까?" 하고 말할 것이다.
> 23. 그러나 그때에 나는 그들에게 분명히 말할 것이다. "너희 악한 자들아! 나에게서 물러가라. 나는 너희들(욕심을 따르는 자)을 전혀 알지 못한다."라고.

주님의 이름으로 예언을 하고, 마귀를 쫓고, 기적도 행했다면, 우리는 그 사람을 아주 유능한 목자로 여길 텐데요. 그래도 그런 행동이 '양심'으로 인한 것이 아니라면 천국에 갈 수 없다는 말씀입니다. 만약에 자신의 '욕심'으로 그런 행동을 했다면 그 사람은 거짓 선지자일 뿐인 것이죠.

예수님은 그런 거짓 선지자들을 "너희 악한 자들아, 나에게서 물러가라! 나는 너희들을 전혀 모른다." 하고 외면하실 것입니다. 거짓 선지자들은 언뜻 보면 아버지와 많이 친한 것 같지만, 실제로는 아버지의 마음을 잘 모릅니다. 가짜 효자들인 것이죠. 그렇다면 정말로 아버지의 마음을 아는 진짜 효자들은 어떤 사람들일까요? 묵묵히 '황금률'을 실천하는 사람, 주변 사람들에게 '사랑과 정의'를 베푸는 사람이 그들입니다.

> 나는 내 뜻이 아니라, 나를 보내신 분(하느님)의 뜻을 실천하고자 하늘에서 내려왔다. (요한복음 6:38)

 예수님은 '하느님의 뜻'(양심의 명령)을 실천하고자 이 땅에 내려오셨는데, 예수님의 제자라면 예수님의 그런 뜻을 누구보다 잘 따라야 하지 않겠습니까? 예수님도 아버지의 뜻을 실천하려고 오셨는데, 우리가 뭐라고 "예수님이 다 해 주시겠지…." 하고 기대나요? 그런 마음가짐은 예수님의 말씀과 전혀 맞지 않습니다. "돈을 좀 내면 되겠지?" 하고 쉽게 생각하는 분도 많은데, 그렇게 될 리가 없지요. 예수님은 이 '땅', 즉 '생각·감정·언행'의 세계에서 '양심'을 구현하기 위해 오신 분입니다. '양심의 화신'이신 것이죠.

> '나'는 길이요 진리요 생명이다. '나'를 통하지 않고서는 아무도 아버지께로 갈 수 없다. 만약 그대들이 '나'를 안다면, 그대들은 또한 '아버지'를 알게 될 것이다. 지금부터 그대들은 아버지를 알고 아버지를 뵌 것이다. (요한복음 14:6~7)

 "나는 길이요 진리요 생명이다." 이 구절은 아주 유명하지요. '내가 길이요 진리요 생명'이라는 말은, 예수님을 통해 '양심', 즉 '성령'이 계속 드러나고 있다는 의미입니다. 그래서 '예수님을 통해 드러난 성령·양심'을 따르지 않고서는, 아무도 아버지에게 갈 수 없다는 말씀을 하신 것입니다.

"'나'를 통하지 않고서는 아무도 아버지께로 갈 수 없다!"라는 예수님의 말씀을 듣고, "역시 예수님한테만 빌면 되겠구나!" 하고 생각하면 안 됩니다. 그 이유는 다음 말씀을 확인하면 알 수 있습니다. "만약 그대들이 '나'를 안다면, '아버지'를 알 것이다!" 이것은 무슨 의미일까요? 예수님이 양심적으로 살아오셨기 때문에, 예수님을 제대로 아는 사람이라면 예수님이 살아가시는 모습을 통해 아버지가 어떤 분인지도 알 수 있다는 뜻입니다.

> 빌립이 묻기를 "주여, 우리들에게 '아버지'를 보여 주십시오. 그러면 우리에겐 충분하겠습니다."라고 하자, 예수께서 말씀하셨다. "빌립이여, 내가 그대들과 그렇게 오래 지냈는데도, 그대는 '나'를 모르는가? 나를 본 사람은 누구나 아버지를 본 것이다. 어떻게 나에게 '아버지를 보여 달라'고 할 수 있는가? 그대는 내가 아버지 안에 있고, 아버지가 내 안에 계시다는 것을 믿지 못하겠는가? 내가 그대들에게 하는 말은 나 스스로 하는 말이 아니다. 내 안에 살아 계시는 아버지께서 그의 일을 하시는 것이다." (요한복음 14:8~10)

예수님께서 이미 말씀하셨는데도 빌립이 다시 묻습니다.

"주여! 그렇게 자꾸 감추지 마시고 아버지를 좀 우리 눈앞에 보여 주세요. 그러면 확실하게 믿겠습니다." 그러자 예수님은 바로 화를 내십니다. "빌립이여, 그대는 아직도 '나'를 모르는가? 내가 지금 양심을 온몸으로 보여 주고 있지 않은가?" 하고 말입니다.

'양심의 화신'인 예수님은 지금 자신을 아버지(양심)의 충실한 채널로 생각하고 계신 것입니다. 그래서 나(양심의 표현)를 보면 아버지(양심의 본질)를 알 수 있고, 나(드러난 양심)를 통하지 않고는 천국에 갈 수 없다고 하셨습니다. 예수님이 지금 보여 주는 '양심'을 통해서만 천국에 갈 수 있다는 것이죠.

> 예수님께서 큰 소리로 말씀하셨다. "나를 믿는 자는 나를 믿는 것이 아니라, '나를 보내신 분'을 믿는 것이다. 그리고 나를 보는 자는 '나를 보내신 분'을 보는 것이다." (요한복음 12:44~45)

『요한복음』에서도 "나를 믿는 자는 나를 믿는 것이 아니라, '나를 보내신 분'을 믿는 것이다!"라고 하셨는데, 이것은 예수님이 자신을 내세우려고 하신 말씀이 아니에요. 지금 예수님이 '생각·감정·언행'을 모두 '아버지의 뜻'(양심의 명령)에 맞게 하고 있으니, 그것을 통해 아버지(양심)를 믿고 아버지를 보라는 의미입니다. 여러분이 예수님의 제자라면, 여러분도 이런 말을 할 수 있는 사람이 되어야 합니다.

> 예수께서 이르시길 "나의 '양식'은 나를 보내신 분의 뜻을 실천하는 것이며, 그분의 일을 완성하는 것이다."라고 하셨다. (요한복음 4:34)

제자들이 식사를 하다가 예수님께 "선생님도 드세요." 했더니 식사는 하지 않으시고 '나의 양식은 보내신 분의 뜻을 실천하고 그분의 일을 완성하는 것'이라고 하셨습니다. 이것은 "양심을 실천해서 인간들이 사는 이 사회 전체에 사랑과 정의를 구현하는 것이 내가 할 일이다!"라는 의미로 말씀하신 것입니다. 그 뜻을 이어받은 사람이 하느님의 사도이고, 자녀이고, 지금 우리입니다. '양심의 실천'이야말로 우리의 밥인 것입니다.

이 땅에 '사랑과 정의', 즉 '양심'이 통하는 사회를 만드는 그날까지, 여러분은 그 일을 밥으로 알고 실천해야 합니다. '주기도문'의 내용도 이 땅에 '아버지의 왕국'을 건설하겠다는 것이었죠. '양심의 실천'을 밥처럼 매일 챙겨서 먹어야 해요. 예수님은 지금 우리에게, "세 끼 밥은 꼬박꼬박 먹으면서, 양심은 왜 그렇게 챙기지 않느냐?"라고 묻고 계신 것입니다.

'하느님'께서 명령하신 것을 '본성'(性)이라 이르고, 본성을 따르는 것을 '인간의 길'(道)이라 이르며, 인간의 길을 곧게 수리하는 것을 '가르침'(敎)이라 이른다.
天命之謂性 率性之謂道 修道之謂敎 (중용)

동양의 『중용』에서는, '하느님의 명령'을 우리의 '본성'이라고 표현합니다. 하느님께서는 양심적으로 살라는 그분의 뜻을, 우리의 마음속 깊은 곳에 본성으로 새겨 놓으셨습니다. 이러한 본성, 즉 '양심의 명령'을 우리가 걸어야 할 '인간의 길'이라 하고, 그 길을 곧게 수리하여, 나도 걷고 남도 걸을 수 있게 도와주는 것을 '교육', 즉 진정한 가르침이라고 하였습니다.

오직 이 '인간의 길' '양심의 길'을 걷는 것을 삶의 사명으로 여기는 이들을, 동양에서는 '군자君子'(백성들의 리더)라고 불렀습니다. 그들은 오직 이 성스러운 양심의 길을 걷다가 그 길 위에서 죽는 것을 영광으로 알았습니다.

군자는 '길'(양심의 길)을 따라 걷다가 길 위에서 죽어야 하니, 나도 그만둘 수가 없다.
君子遵道而行 半塗而廢 吾弗能已矣 (중용)

선비는 크고 굳세지 않아서는 안 되니, 그 책임이 무겁고 갈 길이

멀기 때문이다. '사랑'(仁)을 자신의 책임으로 삼으니 무겁지 아니한가? 죽은 뒤에야 그칠 수 있으니 멀지 아니한가?
士不可以不弘毅 任重而道遠 仁以爲己任 不亦重乎 死而後已 不亦遠乎 (논어 태백泰伯)

군자는 '길'(양심의 길)을 향해 걷다가 길 위에서 죽는 것이니, 몸이 늙어가는 것도 잊고 남은 수명이 부족한 것도 모르고, 힘씀에 날마다 부지런하여 죽은 뒤에야 멈출 수 있도다.
鄉道而行 中道而廢 忘身之老也 不知年數之不足也 俛焉日有孳孳 斃而后已 (예기禮記 표기表記)

① 그 '양심'을 극진히 하면 그 '본성'을 알 수 있으니, 그 본성을 아는 것은 '하느님'을 아는 것이다. ② 그 '양심'을 잘 보존하면 그 '본성'을 배양할 수 있으니, 그 본성을 배양하는 것은 '하느님'을 섬기는 것이다. 오래 살고 짧게 사는 것을 둘로 보지 않고 자신을 닦으면서 천수가 다하기를 기다리는 것이야말로, '하느님의 명령'을 온전히 확립하는 길이다.
盡其心者 知其性也 知其性 則知天矣 存其心 養其性 所以事天也 殀壽不貳 修身以俟之 所以立命也 (맹자 진심 상)

이렇게 예수님의 말씀과 유가의 가르침은 서로 다르지 않습니다. 예수님이 "나는 아버지의 뜻대로 따를 뿐이다!"라고 말씀하신 것은, 그분이 인간으로서 가장 모범된 길을 걸으셨다는 의미입니다. 또 예수님이 가장 참된 인간의 길을 보이셨기 때문에, 우리가 그분을 '사람의 아들'이라고 말하는 것입니다.

예수님은 '사람의 아들'로 오셨습니다. 이것은 그분이 '인간의 몸으로 아버지의 뜻을 온전하게 구현하는 존재'라는 뜻입니다. 『중용』에서도 우리 모두가 하느님의 똑같은 자녀이니, 모두 '인간의 길'을 걷자고 말하고 있는 것입니다. '아버지의 뜻'(양심의 명령)을 온전히 따르는 예수님이야말로, 하늘의 명령(天命)을 따르는 '참된 인간'(사람의 아들)이라 할 수 있습니다.

> '중심'(中)이란 것은 '천하의 큰 뿌리'(하느님의 현존)이며, '조화'(和)라는 것은 '천하에 두루 통하는 길'(하느님의 작용)이다. '중심·조화'를 이룰 수 있다면 하늘과 땅이 제자리를 잡게 될 것이며, 만물이 잘 길러지게 될 것이다.
> 喜怒哀樂之未發 謂之中 發而皆中節 謂之和 中也者 天下之大本也 和也者 天下之達道也 致中和 天地位焉 萬物育焉 (중용)

『중용』에서 말하는 '성인聖人', 즉 '중심과 조화를 이룬 자'는 ① 늘 하느님의 현존에 중심을 두고, ② 하느님의 작용과 함께하여 조화를 이루는 자를 말합니다. 유가에서는 이런 성인이라야 천지를 제자리 잡게 하고, 만물을 잘 길러 낼 수 있다고 말합니다. 늘 하느님을 사랑하고, 이웃을 자신처럼 사랑하는 예수님이야말로 '성인의 길'의 모범이라 할 수 있을 것입니다.

25

내 말을
실천하라

> 24. 그러므로 나의 이 말들을 듣고 실천하는 이는, 모두 자신의 집을 반석 위에 지은 지혜로운 사람과 같을 것이다.

지금까지 예수님께서 하신 모든 말씀을 듣고 실천까지 하는 사람은 무너지지 않을 반석 위에 집을 지은 사람이니, 절대로 무너지지 않을 것이라는 말씀입니다. 예수님의 말씀을 듣고 "허 참, 말씀 잘 하시네!" 하면서 실천은 전혀 하지 않는다면 정말 허망한 일일 테니까요.

제가 강의나 대담을 하고 나서 가장 허망한 때는, "참 말씀 잘 하십니다." 하는 말을 들었을 때입니다. 그 말대로라면 저는 말을 잘하는 말쟁이일 뿐이니까요. 제 말솜씨가 아니라, 제가 그렇게 말하지 않을 수 없는 제 안의 '양심'을 봐 주셔야 저도 말한 보람이 있겠지요. 저는 말재주가 현란한 사람이 아닙니다. 제 안에 있는 것을 어떻게 하면 더 실감나게 표현할 수 있을지를 연구하는 사람일 뿐입니다.

> 25. 비가 내려서 강물이 밀려오고 바람이 불어 그 집에 들이쳤지만 무너지지 않았다. 그 집이 반석 위에 세워졌기 때문이다.
> 26. 그러나 나의 이 말을 듣고 실천하지 않는 자는, 모두 자신의 집을 모래 위에 지은 어리석은 사람과 같다.
> 27. 비가 내려서 강물이 밀려오고 바람이 불어 그 집에 휘몰아치자 무너져 버렸다. 그 집은 완전히 무너지고 말았다.

여러분도 예수님의 말씀대로 '양심의 명령'을 실천해 보세요. 비가 내려서 강물이 밀려오고, 바람이 불어 들이쳐도 여러분의 집은 무너지지 않을 것입니다. 여러분이 아무리 어려운 역경에 처하더라도 양심을 실천하는 분은 버틴다는 것이죠. 그런데 '욕심' 때문에 양심대로 살아가지 못하는 사람은 어떨까요?

그런 사람의 집은 반석 위에 세운 집이 아니기에, 조금만 힘들어지면 쉽게 날아가 버립니다. 비가 내려오고, 강물이 밀려오고, 바람이 불면, 그 집은 완전히 무너져 버려요. 물론 그렇다 하더라도 포기하면 안 됩니다. 여러분 안에 '성령'이 있기 때문에 다시 성령·양심에 몰입하면, 여러분 안의 빛이 다시 밝혀지기 때문입니다. 그러니 비탄과 좌절에 빠지지 말고 또 하세요. '성령의 뜻·양심의 뜻'을 실천하세요.

> 예수님께서 당신을 믿는 유대인들에게 말씀하시길 "만약 그대들이 나의 '가르침'(서로 사랑하라!)에 머물면, 나의 참된 제자들이 될 것이다. 그대들이 '진리'를 알면 진리가 그대들을 자유롭게 할 것이다."라고 하셨다. (요한복음 8:31~32)

예수님께서 '나의 가르침에 머물면'이라고 하셨는데요, 여기에서 '머문다'는 말은 '실천한다'는 의미입니다. "서로 사랑하라!"라는 예수님의 가르침을 정말로 실천하면, 예수님의 참된 제자가 될 것이라는 거죠. 그리고 그렇게 실천할 때 우리는 비로소 진리를 알게 됩니다. "아! 하느님의 뜻은 서로 사랑하라는 것이구나!" 하고 말입니다. 그러면 그 진리가 우리를 자유롭게 할 것입니다. 우리의 에고로부터, 욕심으로부터 자유를 얻게 될 것입니다.

> '완전한 법', '자유의 법'을 들여다보고 거기에 안주하는 자들은, 듣고 잊어버리는 자가 아니라 행위로 옮기는 자가 됩니다. 그들은 그들의 '행위'로 축복받을 것입니다. (야고보서 1:25)

'완전한 법', '자유의 법'은 진리이자, "사랑하라!" "정의로워라!"라는 하느님의 명령입니다. 이 법에 안주하는 사람들은 그것을 듣고 잊어버리는 것이 아니라, 행동으로 실천하기 때문에 축복받을 것입니다. 실천 없이 그냥 듣고 끝내 버린다면 어떤 축복도 없다는 의미입니다. 진리에 안주하십시오! 그것만이 자유를 보장합니다. 황금률의 실천이 없이 "주님! 주님!" 하는 자들은 결코 구원받을 수 없을 것입니다.

26

예수님의 권위

> 28. 예수님께서 말씀을 마치시자, 군중은 그분의 가르침에 몹시 놀랐다.
> 29. 그분께서 그들의 율법학자들과는 달리 '권위'를 가지고 가르치셨기 때문이다.

예수님이 말씀을 마치시자 군중들이 그분의 가르침에 몹시 놀랐는데, 그 이유는 당시의 율법학자들과는 달리 예수님의 말씀에서는 이상하게도 권위가 느껴졌기 때문이었습니다. 율법학자들의 말을 들어 보면 왠지 그들이 아버지를 잘 모르고, 아버지를 대한 적이 없는 듯한 느낌이었는데, 예수님은 아버지와 가깝고 정말로 잘 알고 지내는 사이 같았으니까요.

그렇다면 예수님의 그런 권위는 어디에서 나왔을까요? 그것은 '예수님의 지식'에서 나온 것이 아닙니다. 경전에서 나오는 것이 아니라, '양심'에서 나온 것이죠. 예수님은 '양심의 명령'대로 말씀하셨기 때문에 권위를 가지신 것입니다. 여러분도 권위 있게 말하고 싶다면, 스스로의 양심에 당당하게 말하면 됩니다. 동양에서는 '양심의 에너지'를 '호연지기浩然之氣'라고 부르며, 양심적으로 살아갈 때 이 기운이 길러져서 천지간에 당당할 수 있다고 합니다.•

양심의 뿌듯함에서 나온 말이라야 권위가 있습니다. 양심의 뿌듯함이 없이 지식으로만 말해서는 권위가 없습니다. "이상하게 난 전도가 안 되네!" 하고 말씀하시는 분들이 계신데요, 전도를 잘 하고 싶다면 먼저 양심을 실천하세요. '사랑과 정의'

• (공손추) "감히 묻겠습니다. 무엇을 일러 '호연지기'라고 합니까?" (맹자) "말하기 어렵다. 그 기운 됨이 지극히 크고 지극히 강하니, 똑바로 배양하여 상하게 하지 않으면, 천지간에 가득 차게 된다. 그 기운 됨은 '정의'(義)와 '진리'(道)의 짝이 되니, 이 기운이 없으면 (정의와 진리도) 굶주리게 된다. 또한 이 '호연지기'는 '정의'를 쌓아서 생겨나는 것이다. 정의란 불시에 쳐들어가서 얻을 수 있는 물건이 아니니, 실천함에 '양심의 뿌듯함'이 없으면 (호연지기도) 굶주리게 된다. (敢問何謂浩然之氣 曰 難言也 其爲氣也 至大至剛 以直養而無害 則塞于天地之間 其爲氣也 配義與道 無是餒也 是集義所生者 非義襲而取之也 行有不慊於心 則餒矣. 맹자 공손추 상上)

를 온몸으로 실천하세요. 그러면 사람들은 여러분이 세속의 사람과는 다르다고 느끼고, 여러분을 인도하는 '양심'을 따를 것입니다.

예수님이 안타까워하신 것이 바로 그런 부분입니다. 예수님이 예수님 안의 하느님을 그렇게 보여 주었는데, 사람들은 그 아버지를 알아보지 못했습니다. 그래서 "지금 나를 통해 이렇게 역사하고 계신, 오직 한 분이신 선한 분이 보이지 않느냐?" 하고 말씀하신 것입니다.

유튜브(YouTube): 윤홍식의 산상수훈 강의 1부

유튜브(YouTube): 윤홍식의 산상수훈 강의 2부

산상수훈의 가르침

 뿌린 대로 거두리라! '황금률'을 지켜서 내 이웃을 내 몸처럼 사랑하면 '선'이요, 그렇지 못하면 '악'입니다. 선을 행하면 축복이 있고, 악을 행하면 재앙이 있습니다. 하느님은 행실대로 갚으시는 분입니다(『로마서』). 그러니 하느님이 주신 '양심의 율법'을 어겨서는 안 됩니다.

 다만 그 율법을 온전하게 완성할 수 있는 힘은 오직 '성령의 은총'에 의해서만 주어집니다. 사람은 불가능하나 하느님은 가능합니다(『마태복음』). '성령·양심의 사역'이 없이는 내면에서 이웃을 자신처럼 사랑할 수 없습니다. '사랑'이 하느님입니다(『요한1서』). '성령·양심의 은총'에 의해 우리는 하느님을 '아빠'(Abba)로 받아들일 수 있고, 이웃을 '내 형제'로 사랑할 수 있습니다.

  이기적인 '욕심'보다는 이웃을 자신처럼 사랑하는 '양심'을 중시할 때, '밖'보다 '안'을 신경 쓸 때, '남'을 비판하기보다 '자신'을 먼저 반성할 때, 원수를 '증오'만 하기보다 불행한 이웃으로 바라보고 '사랑'할 때, 하느님과 다시 하나가 될 수 있으며, 우리 내면에서는 우리 안의 하느님인 '성령의 사역'이 시작될 것입니다.

산상수훈의 가르침 풀이

 언제 어디서든 '황금률'을 잊지 마십시오. 남에게서 바라는 것을 먼저 해 주십시오. 남이 정의롭기를 바란다면 여러분이 먼저 정의를 실천하세요. "그러다가 내가 손해를 보면 어떻게 하지?" 이런 고민은 여러분의 의식이 이미 욕심에 매몰되어 있기 때문에 나오는 것입니다. "몰라!" 하고 제 자리로 돌아가세요. "몰라!" 해 버리면 다시 '성령의 마음'이 됩니다.

 이웃을 나와 같이 사랑하면 '선'이요, 그렇지 못하면 '악'입니다. 선을 행하면 축복이 있고, 악을 행하면 재앙이 있습니다. 이것은 우리가 행실로써 뿌린 대로 갚아 주시는 하느님이 계시기 때문에 그렇습니다. 그러니 하느님이 주신 '양심의 율법'을 어겨서는 안 됩니다. 다만 그 '율법'이라는 것은 "내가 받기

원하는 것을 남에게 베풀고, 내가 당하기 싫은 것을 남에게 가하지 마라!"라는 것입니다.

그리고 그 율법을 온전하게 완성할 수 있는 힘은 오직 '성령·양심의 은총'에 의해서만 주어집니다. '성령·양심의 사역'이 없이 에고의 의지만으로는, 우리가 진심으로 이웃을 자신처럼 사랑하기가 어렵습니다. 사람은 불가능하지만 하느님은 가능한 것이죠. '사랑'이 하느님이니까요.

'성령의 은총'에 의해 우리는 하느님을 '아버지' '아빠(Abba)'로 받아들입니다. 예수님만 하느님의 자녀인 것이 아니라, 성령을 깨닫는 순간 우리도 아버지의 자녀가 되니까요. 그래서 이웃을 '내 형제'로 사랑할 수 있게 됩니다. 성령의 마음에서는 이것이 가능해지는 것이죠.

이기적인 '욕심'보다는, 이웃을 자신처럼 사랑하는 '양심'을 중요하게 생각하십시오. '밖'의 겉모습보다 '안'의 속마음에 더 신경 쓰십시오. '남'을 비판하기보다 '자신'을 먼저 반성하고, 원수를 '증오'하기보다는 불행한 이웃으로 바라보고 '사랑'하고 바로잡아 주십시오. 이럴 때 우리는 하느님과 다시 하나가 될 것입니다. 그리고 우리 안에서 하느님의 '성령의 사역'이 시작될 것입니다.

덧붙여 기독교와 같은 경우 제사 문제로 늘 시끄럽고, 심지어 그 문제는 여러 가정이 깨지게 하는 결과를 낳기도 하는데요. 『성경』에는 그런 내용이 전혀 없습니다. 『성경』에서 "우상숭배를 하지 말라!"라고 한 것이 제사를 반대하는 근거가 되고 있는데, 우리가 부모님이나 조상님께 제사를 지낼 때 그분들을 '하느님'이라고 생각하고 지내는 것은 아니지요? "아이고, 우리 하느님!" 하지는 않잖아요. 제사는 부모에 대한 공경심이 확장된 의례일 뿐입니다.

제사의 형식은 종교마다 다양할 수 있지만 모두 '부모님에 대한 공경'에 바탕을 두고 있습니다. 그러니 괜히 경전 구절을 들어 핑계대지 마세요. 오히려 제사는 '십계명' 중 "부모를 공경하라!"라는 하느님의 명령에 충실한 행위입니다. 살아 계실 때는 찾아가서 별짓도 다 하면서, 돌아가셨다고 갑자기 모른 척하는 것이 양심에 맞습니까? 몸이 죽지 영혼이 죽나요? 돌아가셨다고 절도 못하겠다는 것이 '황금률'에 맞습니까? '우상숭배'는 하느님이 아닌 것을 하느님으로 모시는 것을 말합니다. 조상을 하느님으로 모시는 그런 사람이 우리나라에 어디 있겠습니까?

고생하다 돌아가신 부모님이 안쓰러워서, 형식을 떠나서 돌아가신 날 밥이라도 한 끼 차려 드리고, 같이 모여 직접 뵌 양절도 드리면서 부모님을 생각하는 것에 '양심'에 걸릴 일이 있습니까? 이런 양심의 울림 때문에 '추모예배'를 하는 분도 계시는 것으로 압니다. 그 마음이면 충분히 이해하실 수 있을 것입니다. 그러니 그런 쓸데없는 것에 괜히 힘을 낭비하면서 이웃에 폐를 끼치지 마십시오. 대신 그 힘으로 이웃을 더 사랑하고, 정의를 더 구현하십시오.

 제가 마음으로 깊이 예수님을 사랑하고, 예수님의 말씀이 제게 양심을 가르쳐 주었으며, 그분이 저의 스승이시기 때문에 이런 말씀을 드리는 것입니다. 저는 형식적으로는 어떤 종교에도 적을 두고 있지 않기 때문에 종교가 없습니다. 그래서 제가 드리는 말씀은 제 안의 '양심'에서 드리는 말씀입니다.

이 땅에 바치는 기도

 늘 깨어있으십시오. 우리 내면에서 항상 빛나는 '양심의 현존'을 알아차리십시오. 매사에 '양심의 뜻'대로 살아가십시오! 언제 어디서나 '황금률'을 실천하십시오. 내가 받고 싶은 것을 남에게 베풀고, 내가 당하기 싫은 것은 남에게 베풀지 마십시오. 남을 돌아보지 마십시오. 나 자신부터 황금률을 실천하십시오.

 스스로 양심에 당당해야만 남과 세상을 바로잡을 수 있습니다. 세상의 불의를 바로잡으려면 우리 자신부터 양심에 떳떳해야 합니다. 지금 이 순간, 우리 자신부터 '양심의 인도'에 따라 '황금률'을 실천하는 복된 삶을 살아갈 때, 행한 대로 갚아주시는 하느님께서 반드시 이 땅에, 이 겨레에, 온 누리에 축복을 내려 주실 것입니다! 그날이 멀지 않았습니다. 오직 양심입니다!

주기도문

하늘에 계신 우리 아버지! 그 이름 거룩하십니다.
당신의 '왕국'이 임하게 하시고,
당신의 '뜻'이 '하늘'에서 이루어졌듯이
'땅'에서도 이루어지게 하소서. •

오늘 우리에게 일용할 양식을 주시고,
우리가 우리에게 죄를 지은 사람을 용서한 것처럼
우리의 죄를 용서해 주소서.
우리를 '유혹'에 빠지지 않게 하시고,

• 예수님께서 강조하신 2가지 계명 중, "그대들은 마음을 다하고 목숨을 다하고 정신과 힘을 다하여, 주이신 그대들의 하느님을 사랑해야 한다!"(敬天)에 해당합니다.

오직 '악'에서 구원해 주소서. **

** 예수님께서 강조하신 2가지 계명 중, "그대들의 이웃을 그대들 자신처럼 사랑하라!"(愛人)에 해당합니다.

영으로 드리는 기도

하느님은 '영靈'이시다! 그러므로 그분께 예배를 드리는 사람은 '영과 진리' 안에서 예배를 드려야 한다. (요한복음 4:24)

우리의 '영혼'에서 '영'은 성령의 세계를 말하고, '혼'은 에고의 세계를 말합니다. 혼의 세계는 거짓이 난무하지만, 영의 세계는 본래 진리 그 자체입니다. 그래서 혼으로 기도하지 말라고 한 것입니다. '혼으로 하는 기도'는 어떤 기도일까요? 자기 생각으로, 감정으로, 오감으로, 자기만의 형상을 짓고 이런저런 이야기를 늘어놓는 것을 뜻합니다. 생각으로 하는 기도는 자기 생각에 빠져 버리기 때문에 아버지께 도달하는 힘이 약합니다. 자기가 생각하는 아버지를 그려 놓고 자기가 자기 마음에 빠지는 것이죠. 혼으로 하는 기도에는 그런 함정이 있습니다.

반면 '영으로 하는 기도'는 혼의 작용을 초월하여 드리는 기도입니다. 이런저런 말을 멈추고, "당신이 창조하신 것이 저이니, 저의 모든 것을 당신께 맡깁니다." 하는 마음으로, 아버지께 모든 것을 맡기고 쉬는 기도인 것이죠. 그것을 도와주는 말 한 마디를 굳이 하자면 "아버지!"입니다. 이렇게 생각을 내려놓고 영으로 드리는 기도라야 합니다.

> 한번은 예수님께서 바리새인들에게 '하느님의 왕국'이 언제 오느냐는 질문을 받으셨다. 그들에게 대답하시길 "하느님의 왕국은 눈에 보이는 것들로 오지 않는다. 또한 '보라, 여기에 있다!'거나 '저기에 있다!' 하고 말할 수도 없을 것이다. 사실 '하느님의 왕국'은 그대들 가운데에 있다."라고 하셨다. (누가복음 17:20~21)

'하느님의 왕국'은 『성경』에서 보통 두 가지 의미로 쓰이는데, ① 양심을 따르는 자들이 가는 아버지의 나라, 즉 천국을 말하고, ② 지혜와 권능과 사랑이 충분히 구현되고 있는 우리 '성령' 자체를 의미합니다. 하느님의 법이 그대로 이루어지는 우리 내면의 자리를 말하는 것이지요. 하느님의 왕국은 우리 내면의 성령이며, 순수한 의식을 말합니다.

그런데 하느님의 왕국이 언제 이루어지냐고 질문한 바리새인은 '성령'이 아니라, '천국'이 언제 이 지구에 임하는지를 물은 것입니다. 그러자 예수님께서는 '하느님의 왕국'은 눈에 보이는 것들로 오지 않으며, '여기' '저기'와 같은 공간에 얽매이는 자리가 아니라고 하셨습니다. 그리고 그 자리가 우리들 가운데에 있다고 하셨으니, 여기에서 말하는 '하느님의 왕국'은 우리가 흔히 생각하는 '하늘나라'를 의미하는 것이 아니라 '성령'임을 알 수 있습니다.

우리는 지금 무엇으로 보고 듣고 있을까요? 하느님이 우리 안에 거하시지 않으면 우리는 보고, 듣고, 살아 움직일 수가 없습니다. 이것은 구약에서부터 일관되게 유지되는 『성경』의 입장입니다. 불가에서 "생각하고, 보고, 듣는 그 자리가 '불성'이다!"라고 말하는 것과 같은 말입니다. 그 자리를 바로 찾으세요. 이것이 '영으로 드리는 기도'입니다.

> '하느님의 왕국'은 먹고 마시는 일이 아니라, '성령' 안에서 누리는 정의로움과 평화와 기쁨입니다. (로마서 14:17)

'하느님의 왕국'은 영계의 나라와 같은 어떤 특정한 영역을 의미하는 것이 아니라, 여러분이 '성령' 안에서 누리는 정의로움, 평화와 기쁨을 말합니다. '성령의 왕국'에서 우리는 이기적이지 않고 정의롭습니다. 결핍감이 없어 평화로우며, 그 안에서는 두려움이 없고 늘 기쁩니다.

여러분 안에서 '평화롭고, 기쁘고, 정의로운 상태', 즉 '죄를 짓지 않는 상태'가 이루어지면, 그 자리가 바로 '하느님의 왕국'이고 여러분이 "하느님의 왕국이 임하였다!"라고 말할 수 있는 것입니다. 그런 마음이 들지 않는다면, '주기도문'을 아무리 입으로 외워 봐야 아버지와의 거리감이 좁혀지지 않을 것입니다.

> 나는 "내가 있다!"는 것일 따름이다(I Am That I Am). (출애굽기 3:14)

모세가 "하느님은 어떤 분입니까?" 하고 물으니 "나는 내가 있다는 것일 따름이다(I Am That I Am)!"라고 했습니다. 이 구절은 보통 "나는 스스로 있는 자다!"라고 번역됩니다. 왜 이런 말이 나왔을까요? '나'는 '나'일 뿐이니까요.

우리가 아무개라는 자신의 이름을 내려놓고 순수한 마음으로 그냥 존재하면, "나는 어떤 존재다!"가 아니라, "나는 나다!"라는 것 외에는 더 할 말이 없어집니다. '100% 나로 존재하는 상태'가 되는 것이죠. 그렇게 되면 그냥 '나'일뿐이니까 '나'라는 말도 필요가 없지만, 굳이 표현하자면 "나는 나다!"가 됩니다. 그렇게 순수한 존재 자체가 하느님의 자리이자 성령의 자리입니다.

우리는 '하느님' 안에서 살면서, 움직이고, 존재합니다. 그대들의 시인 중에 누군가가 이야기했듯이 우리는 '그분의 자녀'입니다.
(사도행전 17:28)

하느님 없이, 성령 없이 우리의 에고가 존재할 수 있을까요? '나'라는 존재가 없다면 누가 울고, 웃고, 기뻐하고, 잘잘못을 따질까요? 그 모든 작용이 무엇으로 인해서 일어나고 있나요? 바로 우리의 '존재'입니다.

우리는 아침에 일어나서 밤에 잠이 들 때까지 하루 종일 웃고, 떠들고, 생각하고, 고민하는데, 마지막으로 깊은 잠에 빠질 때 무엇만 남습니까? 깊은 잠의 상태에서는 '존재'만 남아요. 우리의 순수한 '존재' 자체 말입니다. 그것이 계속 이어져서 다음날 또 일어나 다시 울고, 웃고, 떠들다가 모두 사라지고 존재만 남습니다. 그 '존재'가 바로 '하느님'입니다.

참다운 기도의 요령이 잘 설명된 책으로서 『무지의 구름』을 들 수 있는데, 이 책은 중세 영국의 신비주의자이자 묵상과 관상의 대가가 자신의 이름도 밝히지 않고 쓴 것입니다. 『무지의 구름』은 가톨릭에서 아주 권위 있는 고전이고, 70년대에 들어와서 이 기도법이 최고의 관상으로 평가되면서, 처음에는 '구름의 기도'라는 기도법이 만들어졌습니다. 그러다가 '중심을 향하는 기도'라는 의미로 '향심기도'라고 이름이 바뀌게 됩니다. '향심向心'의 '심(心)'자는 한자에서 중심을 의미합니다. 따라서 '향심기도'는 '중심을 향하는 기도', 즉 '아버지를 향하는 기도'를 의미합니다.

이 책의 제목인 『무지의 구름』이 의미하는 바는, 모든 생각을 무지("모른다!")에 빠뜨리면 그대로 아버지를 만날 수 있다는 것입니다. 모세가 구름 속에 들어가 하느님을 만났는데, 그 사건을 상징으로 쓴 것이죠. 무지의 구름에 들어가면 우리는 하느님을 만나게 됩니다. 어떠한 생각도 모두 내려놓고 "모른다!" 하는 상태로 존재할 때 아버지와 곧장 만나게 되는 것이죠.

> 나는 내가 생각할 수 있는 모든 것을 버리고, 내가 생각할 수 없는 그것을 사랑하는 길을 택할 것입니다. 왜냐고요? 우리가 그분을 마음껏 사랑할 수는 있지만 그분을 생각할 수는 없기 때문입니다. '사랑'으로는 그분을 붙잡고 차지할 수 있어도 '생각'으로는 결코 그럴 수 없습니다.

> 솟아오르는 '사랑의 기쁨과 믿음'으로 단호하게, 하지만 조심스럽게 그 모든 '생각들'을 밟고 일어서십시오. 그리고 그대 위에 드리워진 어둠의 장막을 갈라 버리십시오. 간절한 사랑의 날카로운 화살로 두꺼운 '무지의 구름'을 맞추되 결코 포기해서는 안

됩니다. (무지의 구름)

 어떤 생각도 다 내려놓아야 합니다. 심지어 '하느님에 대한 생각'까지도 내려놓아야 하는 것이죠. 왜냐하면 그것은 단지 '내 생각'일 뿐이니까요. 하느님에 대한 어떠한 생각도 결국은 우리의 생각이기 때문에 다 내려놓아야 하는 것입니다. 하지만 '사랑'만은 남겨두라고 했는데, 사랑은 하느님을 향해 '몰입하는 마음'이기 때문입니다. 즉, 하느님을 향한 일념은 남겨두되, 다른 생각은 모두 "나는 너를 모른다!" 하는 마음으로 무시해야 합니다.

 그대의 마음과 의지 안에서 '하느님' 이외의 어떠한 것도 작용하지 못하게 만드십시오. 하느님이 아닌 모든 지식과 느낌을 제압하여 '망각의 구름' 아래로 깊이 묻어 버리십시오. 그리고 그대가 이 일에서 그대의 것과 그대가 만들어 낸 모든 것들 뿐만 아니라, 그대 자신과 그대가 하느님을 위해 한 일조차도 모두 잊어야 한다는 사실을 이해해야 합니다.

 그러니 그대는 자신에게 이렇게 하십시오. 그대의 마음과 의지 안에서 일어나는 어떤 것이 '하느님'이 아니라면 무조건 혐오하고 지겨워해야 합니다. 그렇게 하지 않으면 분명히 무언가가 그대와 하느님 사이에 끼어들게 될 것이기 때문입니다. (무지의 구름)

일체의 생각을 남겨두지 말고 곧장 "몰라!" 하고 무지의 구름 아래에 묻어 버려야 합니다. 오직 하느님을 향한 '사랑의 일념', 즉 '몰입의 마음'만 남겨두되, 어떠한 생각이나 감정, 오감도 모르쇠로 일관해야 합니다. 날카로운 화살과 같이 몰입된 마음으로 오직 "모른다!"라고 선언할 뿐이어야 합니다. 그래야 어둠의 장막을 걷고 하느님과 하나로 소통할 수 있습니다.

> '관상觀想'을 완성시켜 가는 작업은 본질적으로 순수하고 영적이기 때문에, 이것을 제대로 이해하고 따르기만 하면, 우리는 마치 우리가 어떤 장소나 움직임으로부터 멀리 떨어져 있는 것처럼 느낄 것입니다. … 따라서 이것은 어떻게 보면 '공간적인 움직임'이라기보다는 '갑작스러운 변화'라고 표현해야 합니다. 왜냐하면 모든 영적인 작업에서 ① 시간 ② 장소 ③ 육체의 3가지는 망각해야 하기 때문입니다. *(무지의 구름)*

진정한 관상은 어떤 움직이는 것이 아니라, 그냥 초월해 버리는 것입니다. 시공을 초월해 버린다는 의미죠. 우리가 보통 하느님을 만난다고 하면, 하느님이 계신 하늘로 한참 올라가야 한다고 생각하는데, 이것은 그런 생각에 대해 비판을 하면서 나온 말입니다.

진정한 하느님은 우리가 저 하늘 높이 어딘가로 올라가야만 만날 수 있는 분이 아니라, 시공을 초월할 때 그냥 언제든 만날 수 있는 것입니다. 우리가 모든 것을 망각하면 하느님과 그대로 만납니다. 그래서 "모른다!" 기도를 할 때에는, 지금이 몇 시인지, 여기가 어디인지도 모르고, 자신의 몸도 모르고, 심지어 자신의 이름도 몰라야 합니다.•

그러면 여러분은 "나는 그냥 존재할 뿐이다(I Am)!"라고 말할 수 있는 상태가 됩니다. 그 자리가 '성령'의 자리입니다. 우리가 보고 듣고 말하는 작용은 모두 그 자리에 의존해서 일어납니다. 여러분 안에 있는 '순수한 양심' '순수한 성령', 즉 '아버지'를 만나면, 그 자리에서 힘이 나옵니다. 그 힘으로 여러분이 자선도 베풀고, 기도도 하고, 금식도 해야 하는 것이죠.

유튜브(YouTube): 윤홍식의 산상수훈 강의 중 '무지의 구름'

• 부록에 실린 '무지의 기도'와 '무지의 기도의 핵심'을 참조하십시오.

무지의 기도

① 과거는 이미 사라져 존재하지 않고,

　미래는 아직 존재하지 않으며,

　오직 '지금 이 순간'만 존재한다는 것을 명심하고,

　마음이 과거나 미래를 향하지 않도록

　오직 지금 이 순간 자신의 '존재감'(I Am)에만 몰입한다.

② '시간'을 잊어버린다.

　"지금 몇 시인지 모르겠다!"라고 선언하고,

　진실로 모르는 일이라고 실감나게 상상한다.

③ '장소'를 잊어버린다.

　"지금 어디인지 모르겠다!"라고 선언하고,

진실로 모르는 일이라고 실감나게 상상한다.

④ '자신'을 잊어버린다.
"내 이름은 무엇인가?"를 마음속으로 묻고
"모른다!"라고 답하여, 진실로 모르는 일이라고
실감나게 상상한다.

⑤ 잡념이 일어나고 사라짐을 신경 쓰지 않고,
오직 '모르는 마음'을 유지하는 것에 신경을 쓴다.
잡념을 없애려 하지 말라.
잡념에 관심을 주지 않는 것으로 충분하다.
의식의 초점은 분명하되
잡념을 느끼지 못하게 되어 마음이 고요해지고 선명해지면,
비록 잠깐일지라도 '성령의 현존'과 하나가 된 것이다.

무지의 기도의 핵심

에고는 차가운 쇠공이요
성령은 뜨거운 불입니다.
그래서 에고는 성령을 만날 때만
뜨겁게 타오릅니다.
성령과 잠깐이라도 떨어지게 되면
에고는 곧장 식어 버리게 됩니다.

에고를 탓하지 마세요.
성인들의 에고도
우리의 에고처럼 차가운 쇠공입니다.
다만 그들은 쇠공을 식게
내버려 두지 않습니다.

늘 깨어서 성령과 함께하기에
그들의 에고는 항상 뜨겁게 타오르고 있습니다.

모든 선의 근원은 성령(불)이나
선도 악도 에고(쇠공)를 통해서만 표현됩니다.
식어 버린 에고는 모든 악의 도구가 될 뿐이며
타오르는 에고는 모든 선의 도구가 됩니다.

핵심은 에고가 지금 이 순간 식어 있느냐
타오르고 있느냐에 있을 뿐입니다.
에고가 죄를 짓게 하지 마십시오.
에고가 차갑게 식어 가도록 방치하지 마십시오.

늘 성령을 돌아보십시오.
늘 성령과 함께하십시오.
늘 불처럼 타오르십시오.
뜨겁게 달궈진 쇠공이 그대로 타오르는 불이듯
뜨거워진 에고는 성령과 둘이 아니게 됩니다.

"모른다!"는 에고를 곧장 타오르게 합니다.
지금 이 순간 에고가 하던 일을 멈추고
곧장 성령과 하나가 되게 합니다.

"모른다!"야말로
중심 자리인 성령으로 향하게 하는
궁극의 기도입니다!
오직 모를 뿐입니다.

불길이 조금이라도 약해지면
에고의 이기심이 다시 드러나게 됩니다.
지금 자신을 돌아봤을 때
두렵고 불안하고 답답하다면
불이 식어서 그런 것입니다.

에고와 다투지 마시고
곧장 성령의 불길로 에고를 달구세요.
이것이 에고를 다루는 비결입니다.
차가운 쇠공 상태에서는 답이 나오지 않습니다.

예수님께 배우는 양심의 6가지 덕목

양심의 구현

"나의 양식은 나를 보내신 분의 뜻을 실천하는 것이며, 그분의 일을 완성하는 것이다." (요한 4:34)

1. 사랑

"남이 해 주기를 원하는 대로 그대들도 남에게 해 주어라!"
(마태 7:12)

"내가 한 가지 계율만 주겠다. 오직 서로 사랑하라!"
(요한 15:12)

"그대들이 자선을 베풀 때에는 오른손이 하는 일을 왼손이 모르게 하라!" (마태 6:3)

"그대의 이웃을 그대 자신처럼 사랑하라!" (마가 12:31)

2. 정의

"두 손 가지고 지옥에 가는 것보다 불구로 천국에 가는 게 낫다!" (마가 9:43)

"모든 것이 이루어질 때까지 율법에서 한 자 한 획도 없어지지 않을 것이다!" (마태 5:18)

"좋은 나무가 나쁜 열매를 맺을 수 없고, 나쁜 나무가 좋은 열매를 맺을 수 없다!" (마태 7:18)

"도끼가 이미 나무의 뿌리에 닿았으니, 좋은 열매를 맺지 않는 나무는 다 찍혀서 불 속에 던져질 것이다." (누가 3:9)

3. 예절

"그대들은 인내로 생명을 얻어라!" (누가 21:19)

"나의 마음은 온유하고 겸손하다." (마태 11:29)

4. 지혜

"진리가 그대들을 자유롭게 하리라!" (요한 8:32)

5. 성실

"작은 일에 성실하면 큰일에도 성실하다!" (누가 16:10)

6. 몰입

"늘 깨어있어라!" (마가 13:37)

"그대들은 유혹에 빠지지 않도록 깨어서 기도하라!"

(마가 14:38)

하느님께 배우는 양심의 6가지 덕목

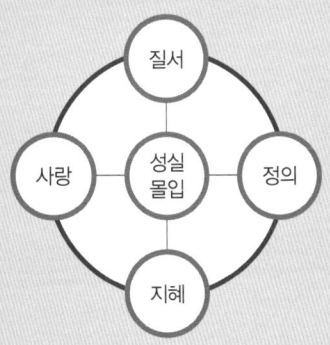

1. 사랑의 하느님

"하느님은 '사랑'이십니다. '사랑' 안에 머무는 사람은 누구나 '하느님' 안에서 머물게 되고, 하느님께서도 그 사람 안에서 머무십니다." (요한1서 4:16)

2. 정의의 하느님

"정의, 오직 정의만을 따라야 한다! 그래야 그대들이 살 수 있고, 주님이신 하느님께서 그대들에게 주신 땅을 소유할 수 있을 것이다." (신명기 16:20)

"하느님께서는 절대로 악을 행하지 않으시며, 전능하신 분께서는 절대로 불의를 저지르지 않으십니다." (욥기 34:10)

3. 질서의 하느님

"태초에 주님께서 당신의 작품들을 창조하실 때부터, 그들의 사명을 미리 정해 놓으셨다. 그분께서는 그들에게 '영원한 질서'를 정하셨으며, 그들의 영역을 대대로 정해 놓으셨다. 그래서 그들은 굶주리거나 지치지 않고, 그들의 사명을 결코 멈추지 않는다." (집회서 16:26~27)

4. 지혜의 하느님

"지혜와 능력은 오직 하느님께 속해 있으니, 계획과 식별도 그분의 것이다." (욥기 12:13)

"하느님께서는 '지혜'에 이르는 길을 식별하시고, 그분께서 홀로 그 자리를 알고 계신다. 왜냐하면 그분께서는 땅의 끝까지 살펴보시고, 하늘 아래 모든 것을 꿰뚫어 보시기 때문이다. 그분께서 바람의 기세를 정하시고 물의 양을 측정하실 때, 비를 명령하시고 천둥 번개의 길을 정하실 때, 그분께서 지혜를 보시고 지혜를 공표하셨으며 지혜를 세우고 지혜를 살피셨다."(욥기 28:23~27)

5. 성실의 하느님

"주님께서는 성실하신 분이시니, 그분께서 여러분의 힘을 강화시켜 주시고, 여러분을 악으로부터 지켜주실 것입니다."(데살로니가후서 3:3)

"우리가 성실하지 못하더라도, 그분께서는 늘 성실하시니, 그분께서 스스로를 부정할 수 없기 때문입니다."(디모데후서 2:13)

6. 몰입의 하느님

"나도 내 말이 이루어지는가 이루어지지 않는가를 깨어서 지켜보리라."(예레미야 1:12)

• 양심잠良心箴 • *

1. 몰입 : 마음을 리셋했는가?
2. 사랑 : 상대방의 입장을 내 입장처럼 진심으로 이해하고 배려했는가?
3. 정의 : 내가 당하기 싫은 일을 상대방에게 가하지는 않았는가?
4. 예절 : 처한 상황을 있는 그대로 진심으로 수용하고, 생각과 언행이 겸손하며 상황과 조화를 이루었는가?
5. 성실 : 양심의 인도를 따르는 데 최선의 노력을 기울였는가?
6. 지혜 : 나의 선택과 판단은 찜찜함 없이 자명한가?

유튜브(YouTube): 양심성찰 가이드

---

* 우리 내면에 존재하는 슈퍼의식(양심)을 일깨우는 글입니다. 6가지 질문을 통해 내면의 양심을 밝혀시기 바랍니다. 양심잠의 구체적 분석은 '양심노트'를 활용하십시오.

• 양심노트 • *

　　년　　월　　일

....

사안 |

....

몰입 | 지금 이 순간 깨어있는가?

　　　　당시에는 깨어있었는가?

....

사랑 | 상대방의 입장을 내 입장처럼 진심으로 이해하고 배려했는가?

....

정의 | 내가 당하기 싫은 일을 상대방에게 가하지는 않았는가?

....

예절 | 처한 상황을 있는 그대로 진심으로 수용했는가?

　　　　생각과 언행이 겸손하며 상황과 조화를 이루었는가?

....

성실 | 양심의 인도를 따르는 데 최선의 노력을 기울였는가?

....

지혜 | 나의 선택과 판단은 찜찜함 없이 자명한가?

....

최종
결론 |

(레이더 차트: 예절, 성실, 정의, 지혜, 몰입, 사랑 — 자명 / 자찜 / 찜자 / 찜찜)

---

* 네이버 카페 홍익학당(www.hihd.co.kr)에서는 양심노트 파일을 무료로 제공해드리고 있으며, 본 카페에 소개된 홈페이지(http://hihd.cafe24.com)에서 노트 형태로 제작한 양심노트를 구입하실 수 있습니다.

이 책이 나오는 데 적극적으로 후원해 주신 〈강나영 강덕희 강문성 강병창 강석규 강석찬 강선호 강수자 강영숙 강정욱 강정희 강지민 강홍구 고갑남 고금란 고은희 고준희 공영근 곽정환 구경희 구순본 권도희 권민정 권정섭 권환욱 김경자 김경주 김경희 김규열 김규찬 김기승 김기옥 김기태 김대근 김덕주 김동욱 김만홍 김묘진 김미라 김미영 김민정 김민호 김병호 김상호 김선우 김선욱 김성훈 김세영 김수연 김순기 김순자 김승경 김승욱 김승희 김영굉 김영미 김영주 김영지 김예숙 김옥주 김완희 김용복 김우철 김유라 김유정알마 김은석 김은숙 김은정 김은희 김재정 김재호 김정련 김정우 김정헌 김종배 김종언 김주희 김준수 김중국 김진운 김찬수 김창도 김해옥 김현주 김현준 김혜숙 김홍규 김홍일 김홍준 김홍현 남삼현 문대혁 문상례 문인호 민경환 민인숙 박경미 박경애 박금주 박기언 박기철 박대호 박두병 박명숙 박상미 박선화 박선후 박선희 박수현 박신화 박재완 박정렬 박종배 박창기 박학현 박행자 박현주 박혜숙 박혜진 박홍덕 방현원 배현숙 백상진 백현준 백혜경 서경대 서경희 서민정 서진옥 서차숙 석선옥 송영애 송영자 송용자 송율성 송정구 송종원 송종환 송현순 스카이저축은행 신동애 신동욱 신동호 신영무 신옥경 신일호 신창윤 신태하 신혜숙 안세혁 안현 안홍근 양문규 양성연 양시황 양재훈 양태형 연지민 연지영 염진희 오란희 오신옥 오은영 왕정숙 우남득 원명아 유은미 유흥숙

윤경애 윤동근 윤성복 윤승주 윤은자 윤정은 윤희근 이계영 이광선 이광일 이근희
이상민 이상영 이상희 이석규 이선빈 이선희 이성수 이성은 이세엽 이수천 이순채
이승진 이승헌 이신화 이안구 이연화 이영민 이영진 이영현 이용희 이은관 이은순
이은현 이은호 이은화 이임영 이재용 이정옥 이정윤 이정이 이정현 이정희 이제헌
이종원 이주헌 이준상 이창범 이채영 이현주 이혜선 이혜숙 이호연 이홍미 이화정
이희종 이희행 임경미 임동하 임성단 임정순 임춘화 장동수 장미영 장순옥 장연지
장우석 장우진 장재헌 장향숙 전영환 전우성 전종수 전희열 정광용 정기호 정동기
정맹희 정명순 정민주 정봉경 정성대 정성철 정연헌 정왕대 정우준 정원표 정윤조
정은라 정은성 정인숙 정종철 정학원 정해진 정현숙 정혜진 제점자 조경 조대호
조미라 조성원 조용준 조용상 조희숙 주한규 지승호 채윤정 천상하 최경구 최남하
최도선 최상희 최성우 최성재 최성희 최에스더 최원재 최은경 최은정 최재익
최재훈 최정식 최종삼 최지선 최지훈 최진형 최현우 하인숙 한덕실 한상문 한성수
한상연 한식구 한원희 한재혁 한채빈 한천수 허두련 허문하 허산 허정숙 허향미
허현희 현정주 홍동완 홍용웅 황연희 황점순 황지연 LEEJONGWON〉님과 그 밖에
도 익명으로 후원을 해 주신 많은 분들게 진심으로 감사드립니다.

윤홍식

홍익당 대표이며, 제19대 대통령선거에서 홍익당 후보로 출마하였다. 동서양 인문학의 핵심을 참신하면서도 알기 쉽게 유튜브를 통해 전 세계에 알리고 있는 인기 있는 젊은 철학자이자 양심경영 전문가이다. 3,500여 개의 인문학 강의 조회 수는 5,100만을 돌파하였고, 구독자 수는 7만2천여 명에 달한다. 팟캐스트에서 「산상수훈」 강의는 20만 조회수를 기록하기도 했다. 연세대학교 사학과 및 동 대학원 철학과를 졸업한 후 홍익학당과 출판사 봉황동래를 운영하고 있으며, 고전콘서트·양심콘서트·양심캠프 등을 열고 있다. 삼성, LG 등 일반기업과 법무부, 중소기업진흥청, 우정청, 서울시 시민대학 등 공공기관에서 고전을 통한 윤리교육과 양심리더십 교육을 맡았으며, 서울 가톨릭 사회복지회 및 가톨릭 수원교구청 전교수녀연합회 초청으로 "영성, 양심이 답이다"를 주제로 강의하였다. 또 KBS, EBS 등 방송 매체에서도 활발하게 활동 중이다. 다양한 강의를 통해 양심리더십과 몰입의 해법을 전하고 있으며, 국민 전체의 인성교육을 위하여 『양심노트』를 만들어 보급하고 있다. 저서로는 『인성교육, 인문학에서 답을 얻다』 『양심이 답이다』 『5분 몰입의 기술』(2009년 문화체육부 선정 우수도서) 『이것이 인문학이다』 『내 안의 창조성을 깨우는 몰입』 등이 있다.

산상수훈 인문학 (홍익학당 인문학 총서 04)

지은이 윤홍식
초판 발행 2016년 12월 25일
2쇄 발행 2019년 12월 25일
펴낸곳 봉황동래
펴낸이 윤홍식
출판등록 제313-2005-00038호
등록일자 2005년 3월 10일
주소 서울 마포구 마포대로 86, 522호(도화동, 창강빌딩)
전화 02-322-2522
팩스 02-322-2523
홈페이지 www.bhdl.co.kr

ISBN 978-89-94950-12-9 04100
　　　978-89-94950-07-5 04100 (세트)

값 10,000원

디자인은 엔드디자인이 꾸몄습니다.
책값은 더 좋은 책을 만드는 데 사용됩니다.